머리말

N세대(Net-generation)란, 1977년부터 1997년 사이에 태어난 세대로 디지털 문명 속에서 성장한 인터넷 세대를 말한다. 인터넷을 활용해 정보를 얻고, TV보다는 컴퓨터를 좋아하고 전화보다 E메일에 익숙한 세대가 바로 이 N세대이다.

본 교재는 수동적인 입장의 사고보다는 컴퓨터를 통해서 적극적인 삶의 방식을 동원하며 개성 또한 강한 N세대들의 캠퍼스 생활 속 아이디어들을 기초로 하여 구성하였다. N세대 중에서도 꿈과 희망을 품고 입성한 캠퍼스 인들의 캠퍼스 생활을 고스란히 일본어로 담아내어 일본어를 배우는데 적극적으로 활용할 수 있도록 돕는 것이 본 교재의 의의이다.

따라서 일본어를 전공하려는 학생, 일본어를 제2전공으로 배우려는 학생 또는 교양으로서의 일본어를 공부하려는 학생에게 가장 적합한 교재라고 믿어 의심치 않는다. 앞서 이야기했듯이, 이 『N세대 캠퍼스 일본어』 교재는 젊고 가능성이 있는 N세대 캠퍼스 인들의 사고와 아이디어로 구성되었기 때문이다. 아무쪼록 이 교재가 감각 있는 교재로 캠퍼스인 뿐만 아니라 일본어를 배우려는 젊은이들에게 사랑받는 교재가 되기를 바란다.

마지막으로 본 교재가 발간될 수 있도록 도움을 주신 세명대학교 학생, 교수들, 특히 유도경 학생, 그리고 출판을 맡아주신 제이앤씨 관계자 여러분들께 감사의 말씀을 전한다.

2010. 6
아름다운 교정에서

Contents

이 책의 구성

이제 시작해볼까!!
여기서부터는 **각과의 제목**과
우리들의 **이야기**가 시작돼!

본격적으로 **회화**를 시작해!
단, 이 부분 회화는 **보통체**야.
그림이 있으니 이해가 쉽겠지?

문법노트부분은,
알기 쉽게 문법적인 부분들을
설명해 놓았어.

앞부분에서 보통체를 배웠으면,
이제 **정중체**도 알아봐야겠지?
그리고 좀 더 이해를 쉽게 하기 위해
한글해석과 **단어정리**도 해 놓았어.

우리 그동안 공부한 내용을,
문형연습에서 점검해 보자구!!

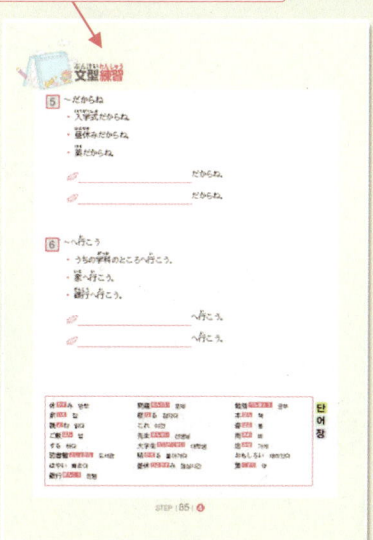

일본문화에는 무엇이 있을까?
일본에 있는 여러 가지 문화들을
사진을 통해 재미있게 알아볼 수
있을꺼야.

생활어휘는,
일상에서 자주 쓰는 어휘들을
정리해 보았어!
많은 도움이 될꺼야!

일본에는 **마츠리**도 있다구!
일본에 있는 마츠리를 정리해 보았어.
수많은 마츠리를 보면 깜짝 놀랄걸?

등장인물

金 スンミン
김승민
S대학교 일본어학과 1학년

山野 つよし
야마노 츠요시
일본인 교환학생 (20세)

李 ユナ
이유나
S대학교 일본어학과 1학년

朴 ミンホ
박민호
S대학교 실내디자인과 3학년
(일본어학과 복수전공)

長谷川 りえ
하세가와 리에
일본인 교환학생 (20세)

崔 ジュンギ
최준기
S대학교 사회복지학과 1학년

STEP 01

일본어 문자

ひらがな

あ a	い i	う u	え e	お o
か ka	き ki	く ku	け ke	こ ko
さ sa	し si	す su	せ se	そ so
た ta	ち chi	つ tsu	て te	と to
な na	に ni	ぬ nu	ね ne	の no
は ha	ひ hi	ふ hu	へ he	ほ ho
ま ma	み mi	む mu	め me	も mo
や ya		ゆ yu		よ yo
ら ra	り ri	る ru	れ re	ろ ro
わ wa				を o

が ga	ぎ gi	ぐ gu	げ ge	ご go
ざ za	じ zi	ず zu	ぜ ze	ぞ zo
だ da	ぢ zi	づ zu	で de	ど do

ば ba	び bi	ぶ bu	べ be	ぼ bo
ぱ pa	ぴ pi	ぷ pu	ぺ pe	ぽ po

ん
n

きゃ	きゅ	きょ		しゃ	しゅ	しょ
kya	kyu	kyo		sha	shu	sho

ちゃ	ちゅ	ちょ		にゃ	にゅ	にょ
cha	chu	cho		nya	nyu	nyo

ひゃ	ひゅ	ひょ		みゃ	みゅ	みょ
hya	hyu	hyo		mya	myu	myo

りゃ	りゅ	りょ		ぎゃ	ぎゅ	ぎょ
rya	ryu	ryo		gya	gyu	gyo

じゃ	じゅ	じょ		びゃ	びゅ	びょ
ja	ju	jo		bya	byu	byo

ぴゃ	ぴゅ	ぴょ
pya	pyu	pyo

カタカナ

ア a	イ i	ウ u	エ e	オ o
カ ka	キ ki	ク ku	ケ ke	コ ko
サ sa	シ si	ス su	セ se	ソ so
タ ta	チ chi	ツ tsu	テ te	ト to
ナ na	ニ ni	ヌ nu	ネ ne	ノ no
ハ ha	ヒ hi	フ hu	ヘ he	ホ ho
マ ma	ミ mi	ム mu	メ me	モ mo
ヤ ya		ユ yu		ヨ yo
ラ ra	リ ri	ル ru	レ re	ロ ro
ワ wa				ヲ o

ガ ga	ギ gi	グ gu	ゲ ge	ゴ go
ザ za	ジ zi	ズ zu	ゼ ze	ゾ zo
ダ da	ヂ zi	ヅ zu	デ de	ド do

バ ba	ビ bi	ブ bu	ベ be	ボ bo
パ pa	ピ pi	プ pu	ペ pe	ポ po

ン n

キャ	キュ	キョ		シャ	シュ	ショ
kya	kyu	kyo		sha	shu	sho

チャ	チュ	チョ		ニャ	ニュ	ニョ
cha	chu	cho		nya	nyu	nyo

ヒャ	ヒュ	ヒョ		ミャ	ミュ	ミョ
hya	hyu	hyo		mya	myu	myo

リャ	リュ	リョ		ギャ	ギュ	ギョ
rya	ryu	ryo		gya	gyu	gyo

ジャ	ジュ	ジョ		ビャ	ビュ	ビョ
ja	ju	jo		bya	byu	byo

ピャ	ピュ	ピョ
pya	pyu	pyo

일본어 발음

1 청음

あ 행

あ a		ア a	
あくび 하품		アイス 얼음	
い i		イ i	
いえ 집		インク 잉크	
う u	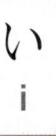	ウ u	
うえ 위		ソウル 서울	
え e	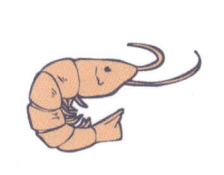	エ e	
えび 새우		エリート 엘리트	
お o		オ o	
おに 도깨비		オイル 오일	

か행

か
ka
かさ
우산

カ
ka
カメラ
카메라

き
ki
きもの
기모노

キ
ki
キリン
기린

く
ku
きく
국화

ク
ku
クラス
클래스

け
ke
けしき
경치

ケ
ke
ケーキ
케이크

こ
ko
こども
어린이

コ
ko
コーヒー
커피

 행

さ sa
さる
원숭이

サ sa
サッカー
축구

し si
した
아래

シ si
シーソー
시소

す su
すし
초밥

ス su
スーパー
슈퍼

せ se
せき
자리

セ se
セール
세일

そ so
うそ
거짓말

ソ so
ソース
소스

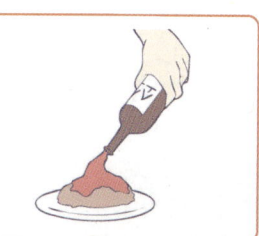

た행

た
ta

たこ
문어

タ
ta

タイヤ
타이어

ち
chi

ちず
지도

チ
chi

チキン
치킨

つ
tsu

つり
낚시

ツ
tsu

ツアー
여행

て
te

てら
절

テ
te

テレビ
TV

と
to

とし
나이

ト
to

トマト
토마토

な
na
なし
배

ナ
na
バナナ
바나나

に
ni
あに
형

ニ
ni
アニメ
애니메이션

ぬ
nu
いぬ
개

ヌ
nu
ヌード
누드

ね
ne
ねこ
고양이

ネ
ne
ネクタイ
넥타이

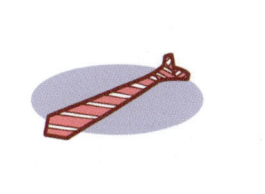

の
no
のり
김

ノ
no
ノート
노트

は ha
はな
코

ハ ha
ハート
하트

ひ hi
ひと
사람

ヒ hi
ヒーター
히터

ふ hu
ふゆ
겨울

フ hu
フライパン
후라이팬
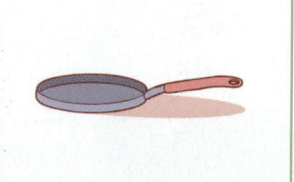

へ he
へび
뱀

へ he
ヘア
헤어

ほ ho
ほし
별

ホ ho
ホテル
호텔
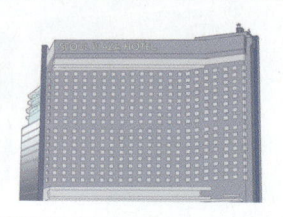

ま행

ま
ma
うま
말

マ
ma
マジック
매직

み
mi
みみ
귀

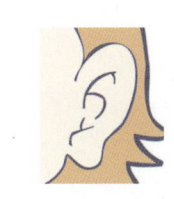

ミ
mi
ミルク
우유

む
mu
むし
벌레

ム
mu
ムービー
영화

め
me
めがね
안경

メ
me
メモ
메모

も
mo
もも
복숭아

モ
mo
モーター
모터

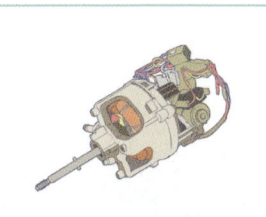

 **や** 행

や
ya
やま
산

ヤ
ya
ヤング
젊은이

ゆ
yu
ゆめ
꿈

ユ
yu
ユーターン
유턴

よ
yo
よる
밤

ヨ
yo
ヨガ
요가

ら행

ら ra
そら
하늘

ラ ra
ラーメン
라면

り ri
りんご
사과

リ ri
リボン
리본

る ru
くるま
차

ル ru
ルーム
방

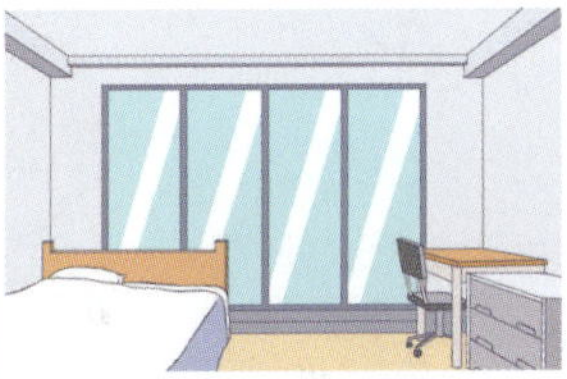

れ re
れきし
역사

レ re
レストラン
레스토랑

ろ ro
いろ
색

ロ ro
ロンドン
런던

##

わ wa
わたし
나

ワ wa
ワルツ
왈츠

を o
을/를

ヲ o
을/를

ん n
きん
금

ン n
ワイン
와인

が행

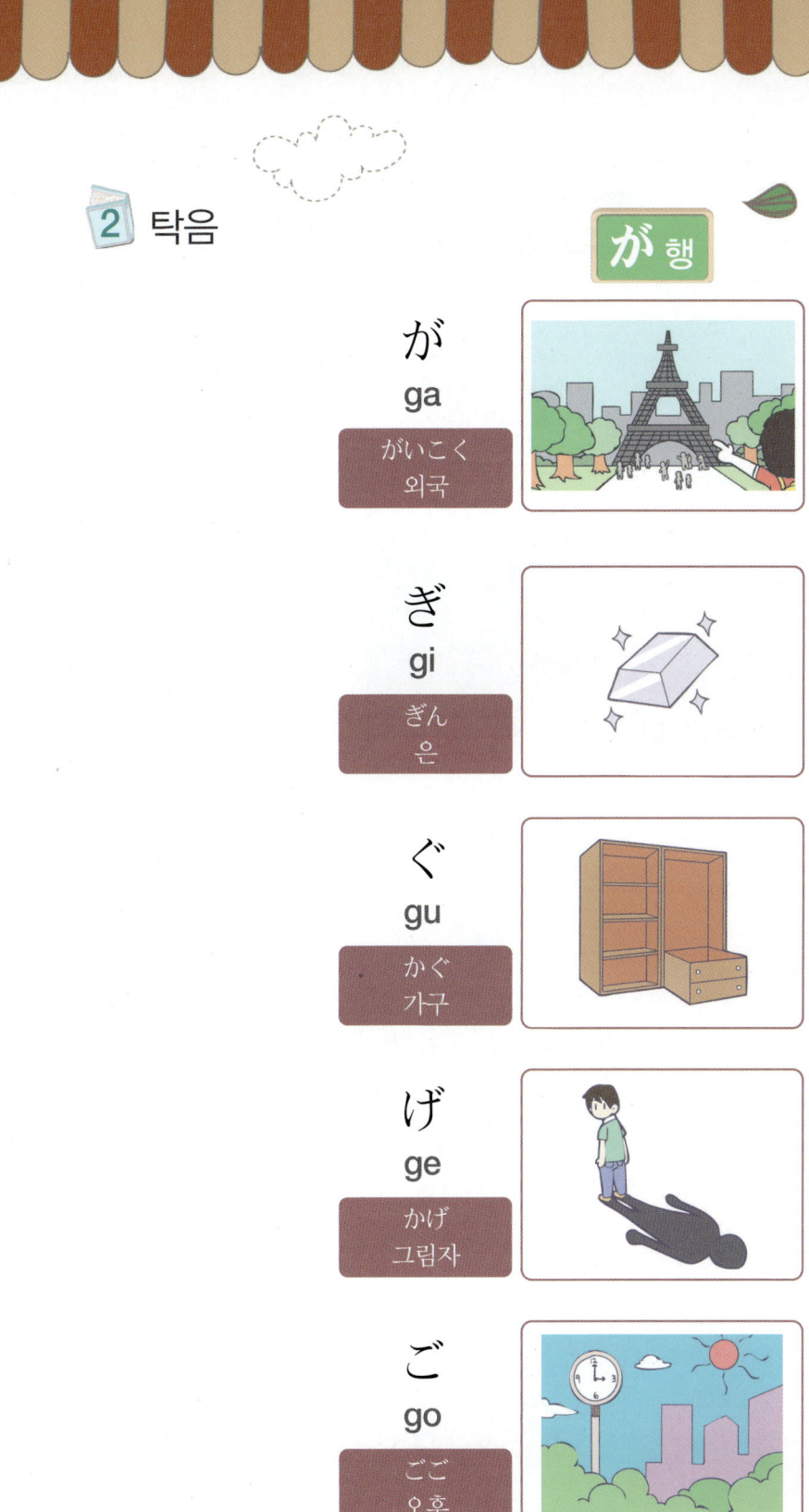

が
ga
がいこく
외국

ぎ
gi
ぎん
은

ぐ
gu
かぐ
가구

げ
ge
かげ
그림자

ご
go
ごご
오후

ざ 행

ざ
za

ざっし
잡지

じ
zi

じしん
지진

ず
zu

みず
물

ぜ
ze

ぜんぶ
전부

ぞ
zo

ぞう
코끼리

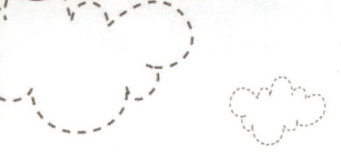

 だ행

だ
da

からだ
몸

ぢ
zi

はなぢ
코피

づ
zu

こづつみ
소포

で
de

でぐち
출구

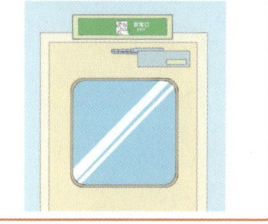

ど
do

どろぼう
도둑

ば 행

ば
ba

ばら
장미

び
bi

びん
병

ぶ
bu

ぶた
돼지

べ
be

べんとう
도시락

ぼ
bo

ぼうし
모자

 **3** 반탁음

ぱ행

ぱ
pa

はっぱ
잎사귀

ぴ
pi

ぴかぴか
반짝반짝

ぷ
pu

きっぷ
표

ぺ
pe

ぺろり
(혀를) 낼름

ぽ
po

かんぽう
한방

4 요음

きゃ
kya

おきゃく
손님

きゅ
kyu

きゅう
아홉

きょ
kyo

きょねん
작년

ぎゃ
gya

ぎゃくてん
역전

ぎゅ
gyu

ぎゅうにゅう
우유

ぎょ
gyo

きんぎょ
금붕어

しゃ
sha

かいしゃ
회사

しゅ
shu

しゅうまつ
주말

しょ
sho

しょうゆ
간장

じゃ
ja

じんじゃ
신사

じゅ
ju

じゅうしょ
주소

じょ
jo

しょうじょ
소녀

ちゃ
cha

おちゃ
차

ちゅ
chu

ちゅうい
주의

ちょ
cho

しゃちょう
사장

にゃ
nya

こんにゃく
곤약

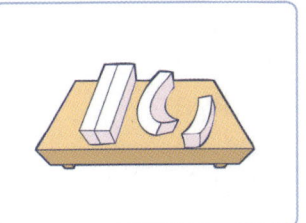

にゅ
nyu

にゅういん
입원

によ
nyo

とうにょう
당뇨

ひゃ
hya

ひゃくねん
백년

ひゅ
hyu

ひゅうひゅう
휙휙(바람소리)

ひょ
hyo

ひょうし
표지

びゃ
bya

さんびゃく
삼백

びゅ
byu

びゅうびゅう
쌩쌩(바람소리)

びょ
byo

びょうしつ
병실

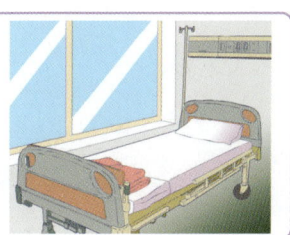

ぴゃ
pya

はっぴゃく
팔백

ぴゅ
pyu

ぴゅうぴゅう
쌩쌩(바람소리)

ぴょ
pyo

はっぴょう
발표

みや
mya

じんみゃく
인맥

みゆ
myu

ミュージック
음악

みよ
myo

びみょう
미묘

りゃ
rya

かんりゃく
간략

I am
↓
I'm

りゅ
ryu

りゅうこう
유행

りょ
ryo

りょこう
여행

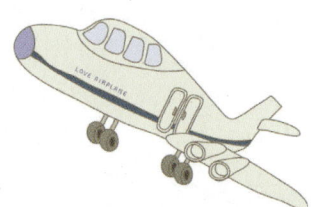

5 촉음 : っ

いっかい	せっかく	さっき	がっき	がっこう
いっぱい	りっぱ	ハッピー	きっぷ	しっぽ
いったい	みっつ	けってい	きって	ずっと
いっさい	ざっし	ひっす	けっせき	さっそく

6 발음 : ん

がんばる	あんまり	こんぶ	かんぱい	かんそう
かんたん	かんさい	こんど	あんしん	しんかんせん
まんが	さんか	にんき	にほんご	りんご
ロンドン	でんわ	せんえん	ワイン	かんしん

7 장음

あ단	[a]의 장음은 あ로 표기한다.
	おかあさん おばあさん ばあい ラーメン カード バー
い단	[i]의 장음은 い로 표기한다.
	おにいさん おじいさん おいしい チーズ ビール ジーンズ
う단	[u]의 장음은 う로 표기한다.
	すうがく くうき つうしん ふうふ きゅうり ジュース
え단	[e]의 장음은 い와 え로 표기한다.
	えいご おねえさん せんせい とけい けってい へいあん
お단	[o]의 장음은 う와 お로 표기한다.
	おおい こおり こうこう すもう むこう くろう

じ こ しょうかい
自己紹介

오늘은 대학교에 들어와
새로운 친구들을 만나는 날이다
멋지게 내 소개를 해야지!
그런데... 어떤 말부터 꺼내면 좋을까...

スンミン はじめまして。金<ruby>キム</ruby>スンミンです。

ユナ はじめまして。李<ruby>イ</ruby>ユナです。おいくつですか。

スンミン 20歳<ruby>はたち</ruby>です。イさんはおいくつですか。

ユナ 私<ruby>わたし</ruby>も20歳<ruby>はたち</ruby>です。

スンミン あっ、同じですね。学科<ruby>がっか</ruby>はどこですか。

ユナ 日本語学科<ruby>にほんごがっか</ruby>です。

スンミン 私<ruby>わたし</ruby>も日本語学科<ruby>にほんごがっか</ruby>ですよ。よろしくお願<ruby>ねが</ruby>いします。

ユナ こちらこそ、どうぞよろしくお願<ruby>ねが</ruby>いします。

승 민	처음 뵙겠습니다. 제 이름은 김승민입니다.
유 나	처음 뵙겠습니다. 제 이름은 이유나입니다. 나이가 어떻게 되세요?
승 민	20살이에요. 이씨는 몇 살이세요?
유 나	저도 20살이에요
승 민	아, 동갑이네요. 과는 어디세요?
유 나	일본어학과입니다.
승 민	저도 일본어학과예요. 잘 부탁드립니다.
유 나	저야말로 잘 부탁드립니다.

단어장

はじめまして 처음 뵙겠습니다
20歳 はたち 스무살
～に ~에
私 わたし 저
～は ~은/는
学校 がっこう 학교
どうぞよろしくお願 ねが いします 잘 부탁 드립니다
日本語学科 にほんごがっか 일본어학과

自己紹介 じこしょうかい 자기소개
～も ~도
歳 さい ~살
同 おな じだ 같다
～ている ~하고 있다
大学 だいがく 대학

～よ ~요
どこ 어디
おいくつ 몇 살
～です ~입니다
通 かよ う 다니다
こちらこそ 이쪽이야말로

文法ノート

はじめまして	p.48 인사말 참고

처음 만났을 때의 인사말

～です

- ～です (~입니다)
- ～ですか (~입니까?)
- ～ではありません (~이 아닙니다)

숫자

一	二	三	四	五	六	七	八	九	十
いち	に	さん	し/よん	ご	ろく	しち/なな	はち	きゅう/く	じゅう

ね

상대방의 동의를 요하는 종조사

- あっ、同じですね。
- そろそろ春ですね。

どこ	어디

장소를 나타내는 지시대명사

ここ	そこ	あそこ	どこ

よろしくお願<ruby>願<rt>ねが</rt></ruby>いします | 잘 부탁드립니다

- どうぞ。
- どうぞよろしく。
- よろしくお<ruby>願<rt>ねが</rt></ruby>いします。
- どうぞよろしくお<ruby>願<rt>ねが</rt></ruby>いします。

こちらこそ | 저야말로

こそ는 어떤 사항을 내세워 강조하는 뜻을 나타내는 조사.

- こちらこそ どうぞよろしくお<ruby>願<rt>ねが</rt></ruby>いします。

どうぞ

상대방에게 무엇을 허락하거나 권할 때 쓰는 말. 여기서는 강조의 표현.

文型練習

1 〜です
- 私は学生です。
- 朴さんは韓国人です。
- それは英語の本です。

✎ ＿＿＿＿＿＿＿＿＿＿＿ です。

✎ ＿＿＿＿＿＿＿＿＿＿＿ です。

2 〜ですか
- 金さんは日本人ですか。
- アメリカはどこですか。
- あなたは先生ですか。

✎ ＿＿＿＿＿＿＿＿＿＿＿ ですか。

✎ ＿＿＿＿＿＿＿＿＿＿＿ ですか。

3 ～ではありません

- 私は日本人ではありません。
- 李さんは会社員ではありません。
- これはラーメンではありません。

 _____ ではありません。

 _____ ではありません。

4 ～ですね

- 同じですね。
- そうですね。
- 本当ですね。

 _____ ね。

 _____ ね。

春<ruby>はる</ruby> 봄	どうぞ 아무쪼록, 부디, 제발	どうぞよろしく 잘 부탁 합니다
そろそろ 이제 곧	学生<ruby>がくせい</ruby> 학생	韓国人<ruby>かんこくじん</ruby> 한국인
アメリカ 미국	日本人<ruby>にほんじん</ruby> 일본인	会社員<ruby>かいしゃいん</ruby> 회사원
～さん ～씨	これ 이것	ラーメン 라면
そう 그래	本当<ruby>ほんとう</ruby> 정말	先生<ruby>せんせい</ruby> 선생님
英語<ruby>えいご</ruby> 영어	本<ruby>ほん</ruby> 책	

단어장

あいさつのことば ： 인사말

おはよう(ございます)　　안녕(하세요) ： 아침인사

こんにちは　　안녕하세요 ： 점심인사

こんばんは 　　안녕하세요 : 저녁인사

さよ(う)なら 　　안녕(히가세요) : 헤어질 때 인사

じゃ、また(ね)　　그럼 또 봐

おやすみ(なさい)　　잘자(안녕히 주무세요)

いってきます　　다녀오겠습니다

いって(い)らっしゃい　　다녀오세요

ただいま　　　다녀왔습니다

おかえり(なさい)　　　다녀왔니(다녀오셨어요)

いただきます　　잘먹겠습니다

ごちそうさま(でした)　　잘먹었습니다

いいえ、どういたしまして　　アニヨ、チョンマネヨ

どうも、ありがとう(ございます)　　정말 감사합니다

すみません　　　죄송합니다 실례합니다

프리타 フリ-タ-

프리타란 프리아르바이터의 약자로 정규직에 취직하지 못하고 파트타임 근무나 아르바이트로 생계를 꾸리는 사람을 말한다.

일본에서는 이러한 프리타들이 많으며, 프리타족이라는 말을 쓰기도 한다.

일본은 우리나라보다 임금이 높아서, 회사에서 일을 하는 만큼 아르바이트를 해도 자신의 생활비 충당을 하고도 남기 때문에, 정규직 취업이 잘 되지 않는 사람, 힘든 사람들은 거의 프리타 생활을 하는 경우가 많다.

프리타가 되는 사람들은 그 동기도 다양한데, 여러가지 아르바이트를 하면서 자신이 정말 하고 싶은 일이 확실해졌다거나, 하고 있는 아르바이트의 능력이 몸에 익숙해졌다는 사람도 있다.

하지만, 프리타로 일한 경험으로 자신에게 맞는 직업을 찾거나 일에 도움이 되는 능력을 얻는 것에 연결시켜 나가는 것은 좀처럼 쉬운 일이 아니다.

평균적으로 프리타의 소득은 낮은 편이며, 대부분 부모님께 원조를 받아 생활을 하고 있는 사람들이 많다고 한다.

文化コラム

祭り
まつ

도쿄 간다 마츠리 東京神田祭り
とうきょうかん だ まつ

5월 14~15일
도쿄 치요다구의 헌책방으로 유명한 간다에서 열리는 가마축제.
도쿠가와 이에야스가 세키가하라 전투에서 승리한 것을 기념하면서 벌인 축제가 기원이며,
오사카의 텐진, 교토의 기온 마츠리와 함께 일본 3대 마츠리 중 하나이다.

バナナ
바나나

りんご
사과

オレンジ
오렌지

マンゴー
망고

メロン
멜론

ぶどう
포도

いちご
딸기

パインアップル
파인애플

スモモ
자두

みかん
귤

キウィ
키위

<ruby>桃<rt>もも</rt></ruby>
복숭아

レモン
레몬

<ruby>栗<rt>くり</rt></ruby>
밤

すいか
수박

<ruby>柿<rt>かき</rt></ruby>
감

<ruby>梨<rt>なし</rt></ruby>
배

グレープフルーツ
자몽

STEP 04

기다리던 입학식!
교환학생으로 온 츠요시와 참석하기로 했는데
이런저런 얘길 하면서 오다 보니
이런! 벌써 시작했네!

 つよし　へえ、人が多いね。

 スンミン　うん、入学式だからね。

 つよし　そうなんだ。ここで何をするの。

 スンミン　うちの学科のところへ行こう。

 つよし　うん。あっ、あそこだ。

 スンミン　あっ、もう総長が話してる。ちょっと遅かった。

 つよし　総長の話がぜんぜん分からないよ。

へえ、人が多いですね。

ええ、入学式ですからね。

そうなんですか。ここで何をするんですか。

うちの学科のところへ行きましょう。

はい。あっ、あそこですね。

あっ、もう総長が話してますね。ちょっと遅かった(みたい)です。

総長の話がぜんぜん分かりません。

초요시	우와~ 사람들이 많구나.
승 민	응. 입학식이니까.
초요시	그렇구나. 여기서 뭘 하는 거야?
승 민	우리과 사람들이 있는 곳으로 가자.
초요시	그래, 아! 저기다!
승 민	이런, 벌써 총장님이 말씀하시고 있네. 조금 늦게 왔나봐.
초요시	총장님이 뭐라고 하시는지 전혀 모르겠어.

人ひと 사람	多おおい 많다	入学式にゅうがくしき 입학식
~だから ~때문에	~で ~에서	うちの~ 우리의~
~へ ~에/~로	もう 이미/벌써	ちょっと 좀/조금
ところ 곳/장소	ここ 이곳/여기	何なに 무엇
学科がっか 학과	行いく 가다	ぜんぜん 전혀
あそこ 저기	総長そうちょう 총장	話はなす 말하다
遅おそい 느리다	分わかる 알다/이해하다	話はなし 이야기

단어장

文法ノート

から	때문에

원인, 이유, 근거를 나타내는 조사

앞단어가 명사인 경우 だ를 붙인다.

(〜ので인 경우는 な를 붙여서 〜なので를 사용한다)

- 入学式だから
- 休みなので

〜なんだ	~인 것이다

〜なのだ의 구어체. 강한 단정을 나타냄

- そうなんだ。
- これが問題なんだ。

で	에서

장소를 나타내는 조사

- 大学で勉強する。
- 家で寝る。

を	을, 를

목적격 조사

- 本を読む。
- ご飯を食べる。

するの

しますかの 반말. のは 의문사 かの 의미이다.

- ここで何をするの　→　ここで何をしますか

の | 의, 인

のの 의미는 기본적으로 소유격, 동격 등의 의미를 가진다.

- 学科のところ (소유격)
- 先生の金さん (동격)

へ | (으)로

방향을 나타내는 조사

- 図書館へ行く。
- 店へ帰る。

行こう | 가자

行くの 의지형

- 学校へ行こう。
- 食堂に行こう。

～だ	～(이)다

단정의 뜻을 나타내는 조동사

- 春<ruby>春<rt>はる</rt></ruby>だ
- 雨<ruby>雨<rt>あめ</rt></ruby>だ

話<ruby>話<rt>はな</rt></ruby>してる	이야기 하고 있다

話している의 축약형. 주로 발음할 때 이런 현상이 많이 나타난다.

遅<ruby>遅<rt>おそ</rt></ruby>かった

遅<ruby>遅<rt>おそ</rt></ruby>い의 과거형. 형용사를 과거형으로 만들 때에는 い대신에 かった를 붙이면 된다.

- おもしろい　　→　おもしろかった
- はやい　　　→　はやかった

～よ	～요

문말표현으로 상대에게 화자의 의지를 나타낸다.

- ぜんぜんわからないよ。
- 大学生<ruby>大学生<rt>だいがくせい</rt></ruby>ですよ。

5 ～だからね

- 入学式だからね。
- 昼休みだからね。
- 薬だからね。

✎ ＿＿＿＿＿＿＿＿＿＿＿＿＿＿だからね。

✎ ＿＿＿＿＿＿＿＿＿＿＿＿＿＿だからね。

6 ～へ行こう

- うちの学科のところへ行こう。
- 家へ行こう。
- 銀行へ行こう。

✎ ＿＿＿＿＿＿＿＿＿＿＿＿＿＿へ行こう。

✎ ＿＿＿＿＿＿＿＿＿＿＿＿＿＿へ行こう。

休やすみ 방학	問題もんだい 문제	勉強べんきょう 공부
家いえ 집	寝ねる 잠자다	本ほん 책
読よむ 읽다	これ 이것	春はる 봄
ご飯はん 밥	先生せんせい 선생님	雨あめ 비
する 하다	大学生だいがくせい 대학생	店みせ 가게
図書館としょかん 도서관	帰かえる 돌아가다	おもしろい 재미있다
はやい 빠르다	昼休ひるやすみ 점심시간	薬くすり 약
銀行ぎんこう 은행		

단어장

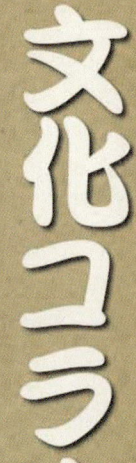

자판기 自動販売機 [じどうはんばいき]

일본은 자판기나라라고 해도 과언이 아닐 만큼 자판기 문화가 활성화 되어있다.

일본에 설치된 자판기는 숫자도 많고 판매상품도 다양하여 세계적으로 주목을 끌고 있다.

2004년 일본 자판기 공업회의 데이터에 따르면 음료 자판기가 220만대, 전체적으로 400만 대의 자판기가 설치되어 있다고 한다.

일본은 인구 당 자판기 수가 가장 많은 나라로 자판기가 소비하는 전력이 전체 소비량의 5%를 차지한다.

이렇게 다양한 종류의 자판기가 발달한 배경에는 일본이 자판기 털이 등의 범죄가 적어 안전한 나라이기 때문이라고도 할 수 있다.

文化コラム

계란 자판기

iPod자판기

생화자판기

쌀 자판기

지하철 내 자판기

祭り
まつり

오사카 텐진 마츠리 大阪天神祭り
おおさかてんじんまつ

7월 24~25일

덴만구 신사에서 열리는 오사카 대표 여름축제.

가미호코와 후나토쿄 등의 행사로 육지뿐만 아니라 강에서도 함께 축제를 즐길 수 있다는 점이 특징이다.

サッカー
축구

バスケットボール
농구

野球
やきゅう
야구

ボクシング
권투

バレーボール
배구

ドッジボール
피구

テニス
테니스

サイクル
사이클

レスリング
레슬링

バドミントン
배드민턴

マラソン
마라톤

柔道
じゅうどう
유도

フィギュア・
スケーティング
피겨 스케이팅

アイスホッケー
아이스 하키

ゴルフ
골프

重量上げ
じゅうりょうあ
역도

フェンシング
펜싱

ゲートボール
게이트볼

ピンポン
탁구

水泳
すいえい
수영

かいこう あつ
開講の集まり

어제 개강모임에서 다같이 게임도 하고
편한 분위기에서 얘기도 하며 선배,
동기들과 친해진 것 같아 기분이 좋다.
그런데 몇몇 아이들은 조금 힘들어 보이네.
酒は百薬の長(적당한 술은 약이다)는 말도 있듯
적당히 마시는 게 좋겠지.

 スンミン　開講の集まり、どうだった。

 ユナ　あまりおもしろくなかった。

 スンミン　何をしたの。

 ユナ　焼肉を食べてから、カラオケだった。

 スンミン　ぼくはお酒ばかりで大変だった。

 ユナ　みんなお酒が強そうだね。

 スンミン　次の日、二日酔いの学生もたくさんいたよ。

 ユナ　ええっ、次は食事だけにしたほうがいいね。

開講の集まり、どうでしたか。

あまりおもしろくありませんでした。

何をしたんですか。

焼肉を食べてから、カラオケでした。

ぼくはお酒ばかりで大変でした。

みんなお酒が強そうですね。

次の日、二日酔いの学生もたくさんいましたよ。

ええっ、次は食事だけにしたほうがいいですね。

승 민	개강모임 어땠어?
유 나	별로 재미없었어.
승 민	뭐했는데?
유 나	고기 먹고 나서, 노래방에 갔어.
승 민	나는 술을 많이 먹어서 힘들었어.
유 나	다들 술이 센가 봐.
승 민	다음 날까지 술이 덜 깬 애들도 많았어.
유 나	저런! 다음부터는 밥만 먹는 게 좋겠네.

단어장

開講の集まり 개강파티	あまり 그다지, 별로	ぼく 나
～だけ ~뿐	おもしろい 재미있다	焼肉 불고기
みんな 모두	食べる 먹다	カラオケ 노래방
お酒 술	たくさん 많음	～ばかりだ 만, ~뿐이다
大変 힘듦, 고생스러움	強い 강하다	学生 학생
次の日 다음 날	～てから ~하고 나서	食事 식사
二日酔い 숙취	～たほうがいい ~하는 편이 낫다	

~だった | ~이었다

~だ의 과거형

- 昔の本だった。
- 過去のはなしだった。

おもしろくなかった | 재미있지 않았다

형용사 おもしろい의 부정형 おもしろくない, 그 부정형의 과거형이 おもしろくなかった

- 楽しくなかった。
- 美しくなかった。

~したの

する의 과거형 した에 의문사 の가 붙은 표현. '~했냐'라는 반말표현이다.

- 勉強したの
- 食事したの

~てから

~하고나서

- 食べてから
- 行ってから

| 強<ruby>つよ</ruby>そうだ | 센 것 같다 |

強<ruby>つよ</ruby>い라는 형용사에 양태를 나타내는 조동사 そうだ(~인 것 같다)가 붙은 형태. 양태의 의미를 나타내기 위해서는 형용사 기본형에서 い를 빼고 そうだ를 붙인다.

- 正<ruby>ただ</ruby>しそうだ。
- 涼<ruby>すず</ruby>しそうだ。

| ~たほうがいい | ~하는 편이 좋다 |

자신의 의견이나 일반적인 의견을 상대방에게 제안하거나 권유할 때 쓰는 표현법으로 부정형으로는 ~ないほうがいい가 있다.

- 食事<ruby>しょくじ</ruby>だけにしたほうがいい。
- 運動<ruby>うんどう</ruby>したほうがいい。

文型練習

7 ～くなかった

- おもしろくなかった。
- 新^{あたら}しくなかった。
- 遠^{とお}くなかった。

✏ ＿＿＿＿＿＿＿＿＿＿＿くなかった。

✏ ＿＿＿＿＿＿＿＿＿＿＿くなかった。

8 ～てから

- 食^たべてから
- 考^{かんが}えてから
- 寝^ねてから

✏ ＿＿＿＿＿＿＿＿＿＿＿てから

✏ ＿＿＿＿＿＿＿＿＿＿＿てから

9 ～そうだね

- 強<small>つよ</small>そうだね。

- 古<small>ふる</small>そうだね。

- 辛<small>つら</small>そうだね。

   ＿＿＿＿＿＿＿＿＿＿＿＿＿＿ そうだね。

   ＿＿＿＿＿＿＿＿＿＿＿＿＿＿ そうだね。

10 ～たほうがいいです

- 勉強<small>べんきょう</small>したほうがいいです。

- 家<small>いえ</small>へ行<small>い</small>ったほうがいいです。

   ＿＿＿＿＿＿＿＿＿＿＿＿＿ たほうがいいです。

   ＿＿＿＿＿＿＿＿＿＿＿＿＿ たほうがいいです。

昔 むかし 옛날, 예전	～の ~의	過去 かこ 과거
話 はなし 이야기	美 うつくしい 아름답다, 예쁘다	正 ただしい 바르다, 옳다
涼 すずしい 시원하다, 선선하다	運動 うんどう 운동	たのしい 즐겁다
だけ ~만, ~뿐	新 あたらしい 새롭다	遠 とおい 멀다
考 かんがえる 생각하다	古 ふるい 낡다, 오래되다	辛 つらい 괴롭다, 고통스럽다

단어장

イ형용사 활용

1. おいしい。 　　　　　　　　맛있다
2. おいし**く**ない。 　　　　　맛있지 않다
3. おいしいです。 　　　　　맛있습니다
4. おいし**く**ない**です**。 　　맛있지 않습니다

　　　= ありません

5. おいし**かった**。 　　　　맛있었다
6. おいし**く**なかった。 　　　맛있지 않았다
7. おいし**かった**です。 　　　맛있었습니다
8. おいし**く**なかったです。 　맛있지 않았습니다

　　　= ありませんでした

9. おいし**く** 　　　　　　　맛있게
10. おいし**くて** 　　　　　　맛있고, 맛있어서

기초 イ형용사

しろ 白い 　　(희다)	くろ 黒い 　　(검다)	あか 赤い 　　(빨갛다)	あお 青い 　　(파랗다)
なが 長い 　　(길다)	みじか 短い 　　(짧다)	とお 遠い 　　(멀다)	ちか 近い 　　(가깝다)
あつ 暑い 　　(덥다)	さむ 寒い 　　(춥다)	すず 涼しい (시원하다)	あたた 暖かい (따뜻하다)
つよ 強い 　　(강하다)	よわ 弱い 　　(약하다)	あま 甘い 　　(달다)	から 辛い 　　(맵다)
ただ 正しい (바르다)	あたら 新しい (새롭다)	した 親しい 　(친하다)	たの 楽しい 　(즐겁다)
うつく 美しい (아름답다)	ふと 太い 　　(굵다)	ほそ 細い 　　(가늘다)	ふる 古い 　　(낡다)

골든위크 ゴールデンウィーク

일본의 골든위크는 4월 말부터 5월 초까지 7일~10일간의 휴가를 즐길 수 있는 기간이다.

4월 29일 : 쇼와의 날 (전 천황의 생일)
5월　3일 : 헌법의 날
5월　4일 : 녹색의 날
5월　5일 : 어린이 날

이렇게 연속적인 연휴가 있는 데다가 대체연휴라는 시스템이 잘 되어 있어 연휴 뒤에 또 쉬는 날을 가지다 보니 일주일에서 최대 열흘 정도 연휴가 생긴다고 한다.

일본의 경우 석가탄신일이나 크리스마스 등의 종교적인 날은 쉬지 않지만, 천황의 생일은 법정 공휴일이다. (4월 29일 쇼와의 날) 현재 천황의 생일은 12월 23일로 이날도 공휴일로 지정되어 있다.

일본인들은 이 골든위크 기간에 해외여행을 가거나 근교로 여행을 가기도 한다.

文化コラム

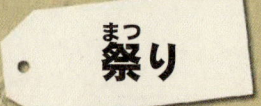
교토 기온 마츠리 _{きょう と ぎ おんまつ} 京都祇園祭り

7월 1~31일까지 한달 간

병과 악귀를 퇴치하기 위해 기원했던 어령회에서 비롯되었다.

한달동안 다양한 축제 행사를 하며, 축제의 절정을 이루는 17일에 수레의 행진과 야마보코
순행은 가장 큰 볼거리 이다.

<ruby>韓国<rt>かんこく</rt></ruby>
한국

<ruby>日本<rt>にほん</rt></ruby>
일본

<ruby>中国<rt>ちゅうごく</rt></ruby>
중국

インド
인도

ロシア
러시아

アメリカ
미국

イギリス
영국

フランス
프랑스

ギリシャ
그리스

チリ
칠레

ドイツ
독일

オランダ
네덜란드

アルゼンチン
아르헨티나

ウルグァイ
우루과이

カナダ
캐나다

スイス
스위스

ブラジル
브라질

スペイン
스페인

メキシコ
멕시코

イタリア
이탈리아

MT

기다리고 기다리던 MT!
드디어 대학에 들어와서 첫 MT를 가게 됐다.
MT가 처음인 츠요시와 리에가 MT에 대해 물어오는데...
어떻게 설명하면 좋을까.

つよし MTって何。

スンミン 学生たちの親睦を図るため、いっしょにゲームしたり、お酒を飲んだりするんだよ。日本の合宿みたいなもんだよ。

ユナ 日本語学科MTの花、ミス日文もあるよ。

スンミン ミス日文は男子学生が出るんだよ。知り合いの先輩も去年のミス日文だったよ。

りえ すごくおもしろそうだね。

MTって何ですか。

学生たちの親睦を図るため、いっしょにゲームしたり、お酒を飲んだりするんです。
日本の合宿みたいなものです。

日本語学科MTの花、ミス日文もありますよ。

ミス日文は男子学生が出るんですよ。知り合いの先輩も去年のミス日文でしたよ。

すごくおもしろそうですね。

츠요시	MT가 뭐야?
승 민	학생들 간 친목을 도모하기 위해 함께 게임을 하거나, 술을 마시거나 하는 거야. 일본의 합숙 같은 것이지.
유 나	일본어학과 MT의 꽃 미스일문도 있어.
승 민	미스일문은 남학생이 출연해. 아는 선배도 작년에 미스일문이었어.
리 에	정말 재밌겠다.

단어장

何なに 무엇	～たち ~들	親睦しんぼく 친목
～を ~을, ~를	ゲーム 게임	図はかる 도모하다
～ため ~(을/를) 위해	いっしょに 함께	～たり、～たりする ~하거나, ~하거나 하다
飲のむ 마시다	もの 것	花はな 꽃
日本にほん 일본	合宿がっしゅく 합숙	ある 있다
～みたいだ ~과 같다	出でる 나오다	すごく 꽤, 정말
去年きょねん 작년	男子学生だんしがくせい 남학생	
日本語学科にほんごがっか 일본어학과		

文法ノート

～って	～(이)라는 것은

인용의 조사 ～というのは의 의미

- MTって何ですか。
- 人間って本当にわからないね。

～たり～たり します	～(하)거나 ～(하)거나 합니다

여러가지 일을 열거하거나 병렬할 때 쓰이는 표현

- ゲームしたりお酒を飲んだりします。
- 本を読んだりテレビを見たりします。

～するんです	～하는 것 입니다

～するのです의 구어체, のです는 설명조의 문장인 경우 자주 쓰인다.

- お酒を飲んだりするんです。
- 出席するんです。

～みたい	～과(와) 같다

어떤 사물의 모습이 다른 사물과 비슷함을 나타낼 때 쓰이는 표현.

～ようだ, ～らしい의 구어체 표현. みたい가 명사수식 할 경우는 **ナ**를 붙인다.

- 日本の合宿みたい**な**MT
- マッチばこみたい**な**家

あります	있습니다

존재를 나타내는 의미로 일본어에서는 あります와 います가 있는데, 주로 식물·무생물인 경우는 あります, 사람·동식물인 경우는 います를 사용한다.

- 本があります。
- 犬がいます。

11 〜って何ですか

- OTって何ですか。
- ROTCって何ですか。
- LTって何ですか。

✎ _____ って何ですか。

✎ _____ って何ですか。

12 〜たり〜たりします

- お酒を飲んだりゲームをしたりします。
- 野球をしたりサッカーをしたりします。
- ラジオを聴いたりテレビを見たりします。

✎ _____ たり _____ たりします。

✎ _____ たり _____ たりします。

13 ～みたいなものです

- 日本の合宿みたいなものです。

- ロボットみたいなものです。

- ミニカーみたいなものです。

✏ _____ みたいなものです。

✏ _____ みたいなものです。

와리칸 割り勘
わ かん

일본문화에서는 자기의 것은 자기가 계산하는 와리칸 문화가 활성화 되어 있다. 상대에게 금전적인 부담을 끼치지 않고, 자신에게도 그 부담이 오지 않도록 하는 습관에서 생겨난 것으로 철저한 개인주의 사회라는 비판도 있다.

이러한 문화가 발달된 만큼 휴대폰에도 각자부담계산 기능이 있을 뿐 아니라, 가게에서도 계산할 때 금액을 사람 수로 나눌 수 있도록 전자계산기가 놓여 있다고 한다.

계산대에서 각자의 금액이 얼마인지 계산하고 있어도 점원이 가만히 기다리고 있는 모습은 일본에서만 볼 수 있는 광경이 아닐까 한다.

文化コラム

わりかん計算

普通の人:	14545
えらい人:	21817
割引の人:	7272
金額	80000
全人数	5
割増人数	2

祭り
まつ

아오모리 네부타 마츠리 青森ねぶた祭り
あおもり　　　　　　まつ

8월 1~7일

일본을 대표하는 가장 큰 불의 축제.
네부타(커다란 나무나 대나무에 종이를 붙인 큰 등롱)를 만들어 강이나 바다로 떠내려 보내는
행사이다. 가을 수확 전에 일의 방해가 되는 졸음을 쫓는다는 의미에서 유래 되었다. 큰
북의 리듬에 맞춰 거리를 춤추며 행진하는 것도 볼거리이다.

キリン
기린

ライオン
사자

とら
虎
호랑이

うさぎ
토끼

かめ
거북이

おおかみ
늑대

くま
熊
곰

ぞう
像
코끼리

きつね
狐
여우

いぬ
犬
개

かば
하마

さる
원숭이

だちょう
타조

ねこ
猫
고양이

ぶた
豚
돼지

いるか
돌고래

くじら
고래

あざらし
바다표범

うし
牛
소

いのしし
猪
멧돼지

たいいくさい
体育祭

5월은 이것저것 행사가 많은 달이군.
어버이날, 스승의 날, 체전.
공부도 중요하지만 이럴 땐 열심히 즐겨야 하는 법.
경기도 응원도 모두 열심히 해서
기억에 남는 체전이 되었으면.

 つよし: あれ、何、何かやってる。

 りえ: 運動会みたいだけど…。縄跳びもやってる。

 スンミン: あれは体育祭だよ。

ユナ: 学生達が対戦して、優勝したら賞金がもらえるんだよ。

つよし: おもしろそうだね。

りえ: あそこ見て、あそこの応援、すごいね。

ユナ: 応援賞というのがあるから、みんな頑張ってるんだよ。

特に看護学科の応援は有名だよ。

정중체

あれ、何<ruby>なん<rt></rt></ruby>ですか。何<ruby>なに<rt></rt></ruby>かやってますよ。

運動会<ruby>うんどうかい<rt></rt></ruby>みたいですけど…。縄跳<ruby>なわと<rt></rt></ruby>びもやってますね。

あれは体育祭<ruby>たいいくさい<rt></rt></ruby>ですよ。

学生達<ruby>がくせいたち<rt></rt></ruby>が対戦<ruby>たいせん<rt></rt></ruby>して、優勝<ruby>ゆうしょう<rt></rt></ruby>したら賞金<ruby>しょうきん<rt></rt></ruby>がもらえるんですよ。

おもしろそうですね。

あそこ見<ruby>み<rt></rt></ruby>てください。あそこの応援<ruby>おうえん<rt></rt></ruby>、すごいですね。

応援賞<ruby>おうえんしょう<rt></rt></ruby>というのがありますから、みんな頑張<ruby>がんば<rt></rt></ruby>ってるんですよ。
特<ruby>とく<rt></rt></ruby>に看護学科<ruby>かんごがっか<rt></rt></ruby>の応援<ruby>おうえん<rt></rt></ruby>は有名<ruby>ゆうめい<rt></rt></ruby>なんですよ。

초요시　어? 저게 뭐지? 뭔가 하고 있어!
리　에　운동회 같기도 하고... 줄넘기도 하고 있어!
승　민　저건 체육대회야.
유　나　학생들끼리 경기해서, 우승하면 상금도 받을 수 있어.
초요시　재밌겠는데
리　에　저기 봐! 저기 응원 대단한데
유　나　응원상도 있으니까 모두 열심히 하는 거야.
　　　　특히 간호학과의 응원은 유명해.

단어장

やる 하다　　　　　　　～けど ~는데, ~던데　　運動会うんどうかい 운동회
縄跳なわとび 줄넘기　　　体育祭たいいくさい 체육대회　もらう 받다
学生達がくせいたち 학생들　対戦たいせん 경기　　　　特とくに 특히
優勝ゆうしょう 우승　　　賞金しょうきん 상금　　　　応援おうえん 응원
あそこ 저기, 저곳　　　すごい 굉장하다, 대단하다　頑張がんばる 노력하다
応援賞おうえんしょう 응원상　看護学科かんごがっか 간호학과　～という ~라고 하는
有名ゆうめい 유명　　　　何なにか 뭔가가

STEP | 93 | 7

ぶんぽう
文法ノート

やってる	하고 있다

やっている의 축약형

- している → してる
- のっている → のってる
- わかっている → わかってる

～けど	～(하)지만

けれども의 준말

- 高_{たか}いけど
- 安_{やす}いけど

～たら	～(하)면

가정조건을 나타낼 때 쓰이는 표현

- 優勝_{ゆうしょう}したら
- 買_かったら

もらえる	

もらう의 가능형

- 読_よむ → 読_よめる
- 使_{つか}う → 使_{つか}える

14 ～みたいだけど

- 運動会みたいだけど
- 遠足みたいだけど
- 遅刻みたいだけど

🖉 ＿＿＿＿＿＿＿＿＿＿＿＿＿＿＿みたいだけど

🖉 ＿＿＿＿＿＿＿＿＿＿＿＿＿＿＿みたいだけど

15 ～たら～んだよ

- 優勝したら賞金がもらえるんだよ。
- 勉強したら成績があがるんだよ。
- 夏休みになったら、国へ帰るんだよ。

🖉 ＿＿＿＿＿＿＿＿＿＿たら＿＿＿＿＿＿んだよ。

🖉 ＿＿＿＿＿＿＿＿＿＿たら＿＿＿＿＿＿んだよ。

16 ～というのがあるから

- 応援賞（おうえんしょう）というのがあるから。

- 癌（がん）というのがあるから。

- 高血圧（こうけつあつ）というのがあるから。

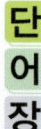 _____というのがあるから。

 _____というのがあるから。

			단어장
する 하다	のる 올라타다	高（たか）い 비싸다	
安（やす）い 싸다	買（か）う 사다	使（つか）う 쓰다, 사용하다	
遠足（えんそく） 소풍	近（ちか）い 가깝다	成績（せいせき） 성적	
夏休（なつやす）み 여름 방학	国（くに） 나라, 국가	癌（がん） 암	
帰（かえ）る 돌아오다, 돌아가다	高血圧（こうけつあつ） 고혈압	遅刻（ちこく） 지각	

ナ형용사 활용

1. しずかだ。　　　　　　　　조용하다.
2. しずかで(は)ない。　　　　조용하지 않다.
3. しずかです。　　　　　　　조용합니다.
4. しずかで(は)<u>ないです</u>。　조용하지 않습니다.
   = ありません
5. しずかだった。　　　　　　조용했다.
6. しずかで(は)なかった。　　조용하지 않았다.
7. しずかでした。　　　　　　조용했습니다.
8. しずかで(は)なかったです。　조용하지 않았습니다.
   = ありませんでした
9. しずかに　　　　　　　　　조용하게
10. しずかで　　　　　　　　　조용하고, 조용해서

기초 ナ형용사

静かだ　(조용하다)	にぎやかだ　(번화하다)	有名だ　(유명하다)
親切だ　(친절하다)	元気だ　(건강하다)	暇だ　(한가하다)
便利だ　(편리하다)	不便だ　(불편하다)	素敵だ　(멋지다)
立派だ　(훌륭하다)	変だ　(이상하다)	きれいだ(예쁘다, 깨끗하다)

자전거 自転車
じ てん しゃ

좁은 도로, 비싼 교통비 때문에 남녀노소 자전거 타기가 생활화 된 나라 일본. 일본에서는 아침마다 들리는 자전거의 힘찬 페달 소리가 매연을 내뿜는 대중교통의 소음을 묻어버린다.

일본의 교통비는 한국에 비하면 살인적인 물가이다. 이는 일본에서 자전거 문화가 발달한 이유 중 하나다. 대형마트나 백화점, 음식점 등도 전철역을 끼고 있기 때문에 자전거를 타고 장보러 가는 주부들의 모습도 흔히 볼 수 있다. 대부분의 자전거 이용은 집에서 전철역까지, 또는 학생들의 등교 수단으로 이용된다.

일본의 모든 유치원과 초등학교 앞에는 언제나 아이를 태운 어머니들의 자전거 행렬을 볼 수 있다. 이것을 일명 엄마들의 자전거 '마마차리'라고 한다.

자전거 문화가 발달 되어 있는 만큼 규칙과 제도도 철저히 마련돼 있다. 자전거 지정 번호제와 자전거 견인제도가 있다. 또한 반드시 지정된 주차장에 자전거를 두어야 한다. 불법주차를 한 경우 견인이 될 수도 있다. 이 외에도 뒷자석에 성인을 태우고 운행하거나, 밤에 라이트를 미 부착하면 불법이라는 등의 규칙이 있다.

일본에서 해마다 분실되는 자전거의 양도 어마어마하다. 그렇기 때문에 사람들은 비싼 자전거보다는 저렴한 자전거를 선호한다.

文化コラム

<ruby>祭<rt>まつ</rt></ruby>り

아키타 간토 마츠리 <ruby>秋<rt>あき</rt></ruby><ruby>田<rt>た</rt></ruby><ruby>竿<rt>かん</rt></ruby><ruby>灯<rt>とう</rt></ruby><ruby>祭<rt>まつ</rt></ruby>り

8월 3~6일

간토 오오도오리

벼 이삭을 본 뜬 46개의 초롱을 긴 대나무 장대에 매달아 매고 오곡 풍작을 기원하는 성대한 축제이다. 높이 12m, 무게 50kg의 간토를 손바닥, 이마, 어깨, 허리로 돌려가면서 아슬아슬한 묘기를 보여준다.

ビビンパ
비빔밥

やきにく
불고기

とんかつ
돈까스

ざるそば
메밀국수

焼きそば や
야끼소바

れいめん
냉면

ギョーザ
만두

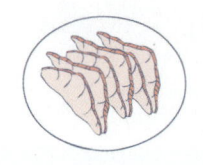
さしみ
생선회

ラーメン
라면

牛丼 ぎゅうどん
쇠고기덮밥

すし
초밥

もち
떡

キムチ
김치

カレーライス
카레라이스

納豆 なっとう
낫토

スパゲッティ
스파게티

ステーキ
스테이크

ホルモン
곱창

お好み焼き この や
오코노미야끼

ピザ
피자

<ruby>図書館<rt>としょかん</rt></ruby>

아직 학교에 대해 잘 모르는 리에에게
학교를 안내해주기로 했어.
책의 대출이나 열람뿐 아니라
조용히 열람실에서 공부도 할 수 있고 여가시간도
보낼 수 있는 도서관을 이번 기회에 안내해 줘야겠다.
어떻게 소개해주면 좋을까.

ユナ ここが私たちの大学よ。どこから行ってみようか。

りえ 図書館、図書館が見てみたい。

ユナ いいよ。あっちだから、案内してあげるよ。

りえ うん。

ユナ ここが図書館。どう。

りえ へー、広いね。

ユナ うん。本を借りる以外に、ネット検索とか、映画なんかも見れるよ。

りえ うわー、すごいね。どこから見てみようか。

ユナ まず、昼ごはん食べない。もうお昼だし、地下に食堂があるから。

りえ うん。いいね。行こ。

ここが私たちの大学です。どこから行ってみましょうか。

図書館、図書館が見てみたいです。

いいですよ。あちらですから、案内してあげます。

はい。

ここが図書館です。どうですか。

へぇ、広いですね。

はい。本を借りる以外に、ネット検索とか、映画なんかも見られますよ。

うわー、すごいですね。どこから見てみましょうか。

まず、昼ごはん食べませんか。もうお昼ですし、地下に食堂がありますから。

はい。いいですね。行きましょう。

유 나	자. 여기가 우리 학교야! 어디부터 가볼래?
리 에	도서관! 도서관이 보고 싶어.
유 나	좋아. 저쪽이니까 안내해줄게!
리 에	응!
유 나	여기가 도서관이야. 어때?
리 에	헤- 넓다!
유 나	응. 책을 빌리는 것 외에 인터넷 검색이나 영화 등도 볼 수 있어.
리 에	우와. 대단해! 어디부터 가볼까?
유 나	우선, 밥부터 먹지 않을래? 벌써 점심시간이고. 지하에 식당이 있어.
리 에	응. 좋아! 가자

～から ～부터	図書館 としょかん 도서관	あっち 저쪽
本 ほん 책	広 ひろい 넓다	案内 あんない 안내
～てあげる ～해 주다	借 かりる 빌리다	以外 いがい 이외
映画 えいが 영화	まず 먼저	ネット検索 けんさく 인터넷 검색
～とか ～라던가	～なんか ～등	すごい 대단하다
もう 이미, 벌써	昼 ひるごはん 점심밥	地下 ちか 지하
食堂 しょくどう 식당	どこ 어디	どう 어때

단
어
장

STEP | 103 | 8

行ってみようか 가 볼까요?

みる의 의지형 みよう에 의문사 か가 붙은 표현.

★ 의지형

かく	→	かこう
しぬ	→	しのう

みる	→	みよう
ねる	→	ねよう

する	→	しよう
くる	→	こよう

見てみたい 보고싶다

본동사 見て와 보조동사 みたい의 결합 형태. 이 때 たい는 '〜하고 싶다' 라는 조동사이다.

あっち

방향을 나타내는 지시대명사

こちら	そちら	あちら	どちら
こっち	そっち	あっち	どっち

〜てあげる

한국어의 수수동사는 주다, 받다 의 2가지 형태인데 반하여 일본어에서는 주다가 あげる와 くれる 2가지 종류이고, 받다는 もらう이다. 우선 화자가 상대방에게 주는 경우는 あげる, 상대방이 화자에게 주는 경우는 くれる이다.

- 案内してあげる。
- 送ってあげる。

| 借りる | 빌리다 |

貸す(빌려주다)와 借りる의 구별.

- お金を借りる。
- お金を貸す。

| 見れる | 볼 수 있다 |

문법적으로는 見られる가 올바르지만 실제적인 반말투의 회화장면에 있어서는 見れる의 표현을 사용한다.

| 食べない | 먹지 않는다 |

食べる의 ない형(부정형)

★ ない형

| あう | → | あわない |
| かく | → | かかない |

| みる | → | みない |
| たべる | → | たべない |

| する | → | しない |
| くる | → | こない |

文型練習

17 ～見てみたい
- 図書館が見てみたい。
- ラボ室が見てみたい。
- 先生の研究室が見てみたい。

　✏ ＿＿＿＿＿＿＿＿＿＿＿＿＿＿＿ 見てみたい。

　✏ ＿＿＿＿＿＿＿＿＿＿＿＿＿＿＿ 見てみたい

18 ～てあげる
- 案内してあげる。
- 本を読んであげる。
- 家まで送ってあげる。

　✏ ＿＿＿＿＿＿＿＿＿＿＿＿＿＿＿ てあげる。

　✏ ＿＿＿＿＿＿＿＿＿＿＿＿＿＿＿ てあげる。

19 ～なんかも見れるよ

- 映画なんかも見れるよ。
- コメディなんかも見れるよ。
- アニメなんかも見れるよ。

✏ ＿＿＿＿＿＿＿＿＿＿＿なんかも見れるよ。

✏ ＿＿＿＿＿＿＿＿＿＿＿なんかも見れるよ。

20 ～食べない

- 昼ごはん食べない。
- パン食べない。
- ラーメン食べない。

✏ ＿＿＿＿＿＿＿＿＿＿＿食べない。

✏ ＿＿＿＿＿＿＿＿＿＿＿食べない。

かく 쓰다	しぬ 죽다	ねる 잠자다
する 하다	くる 오다	あう 만나다
送おくる 보내다	お金かね 돈	貸かす 빌려주다
研究室けんきゅうしつ 연구실	読よむ 읽다	コメディ 코미디
アニメ 애니메이션	パン 빵	ラーメン 라면
ラボ室しつ 어학실습실	映画えいが 영화	

단어장

편의점 コンビニ

일본의 편의점 업계는 독창성과 연구 등을 통해 지속적인 성장을 기록해 오면서 이제는 단순한 편의점 아닌 일본인들의 생활에 없어서는 안될 존재가 되었다.

일본 편의점은 특히 편리성 때문에 많이 이용하고 있다. 야간과 주말만 빼고는 편의점 ATM 기로 돈을 인출 할 때 수수료가 없다. 또한 편의점 에서 각종 지방세, 전기, 수도, 통신요금 등 공과금이나 신문, 잡지의 구독료, 보험사의 보험료, 신용카드 대금 등의 결제가 가능하다. 나아가 외화를 엔화로 환전하고, 돈을 바꿔 우편으로 보낼 수 있으며, 일본 최대 편의점 업체인 세븐일레븐과 훼미리마트가 각종 수납 대행으로 거둬들인 돈이 상품 판매 매출을 뛰어넘기도 했다.

일본의 편의점은 소매점에 머무르지 않고 금융기관, 택배센터 등 생활 밀착형 서비스 산업 으로 성장하고 있다.

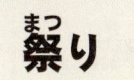

まつ祭り

센다이 타나바타 마츠리 仙台七夕祭り
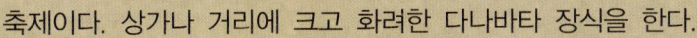

8월 3~6일

아오모리 네부타, 아키타 간토와 더불어 동북지방 3대 마츠리이다.

이치반초, 추오도오리, 센다이 역 주변에서 열리며 견우와 직녀가 만나는 것을 기념하는

축제이다. 상가나 거리에 크고 화려한 다나바타 장식을 한다.

だいこん
무

たまねぎ
양파

にんじん
당근

ねぎ
파

きゅうり
오이

ピーマン
피망

にんにく
마늘

ほうれんそう
시금치

キャベツ
양배추

かぼちゃ
호박

とうがらし
고추

はくさい
배추

じゃがいも
감자

さつまいも
고구마

なす
가지

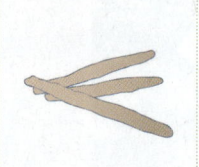
やまいも
마

トマト
토마토

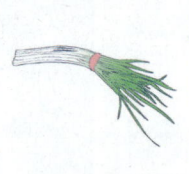
にら
부추

ブロッコリ
브로콜리

セロリ
샐러리

しょうが
생강

レタス
양상추

しょくどう
食堂

사람은 본디 잘 먹어야 하는 법.
우리를 위해 맛있는 밥을 준비해 주는 분들이 있어
열심히 공부할 힘이 나는 것 같아.
도서관뿐 아니라 학생회관에도 식당이 있어
선택의 폭도 넓고, 이동 시간도 절약되니 정말 좋은걸.
친구들에게 학교식당의 좋은 점을 말해줘야겠다.
할 수 있다 또는 가능하다 같은 표현은 어떻게 할까?

 ユナ

うちの学校には、学生会館と図書館に食堂があるの。

スンミン

学生向けだから、安いし、量もたっぷりだよ。

ユナ

メニューもいろいろあるから、好みによって、いろいろ楽しめるよ。

つよし

わー、本当にたくさんあるね。

りえ

ボリュームもあるし安いし、本当に思いっきり食べられそうね。

うちの学校には、学生会館と図書館に食堂があるんですよ。

学生向けですから、安いし、量もたっぷりですよ。

メニューもいろいろありますから、好みによって、いろいろ楽しめますよ。

わー、本当にたくさんありますね。

ボリュームもあるし安いし、本当に思いっきり食べられそうですね。

유 나　우리 학교엔 학생회관과 도서관에 식당이 있어.

승 민　학생들 대상이라 싸고, 양도 푸짐해.

유 나　메뉴도 다양하게 있으니까, 취향 따라 즐길 수도 있어.

츠요시　와 정말 다양하구나.

리 에　양도 푸짐하고, 싸고, 정말 마음껏 즐길 수 있겠네.

うちの~ 우리의~	学生会館 がくせいかいかん 학생회관	~し ~이고
学生向 がくせいむ け 학생 대상	~だから 때문에	量 りょう 양
~も ~도	たっぷり 듬뿍, 많이	メニュー 메뉴
いろいろ 여러가지	~から ~이므로	好 このみ 취향, 기호
~による ~에 따르다	楽 たの しむ 즐기다	本当 ほんとう に 정말로
たくさん 많음	ボリューム 양	
思 おも いっきり 원하는 대로		

단어장

～と	～(와)과

병렬을 나타내는 조사이다. と는 비슷한 의미의 や와 구분된다.

- 机の上に本とノートと鉛筆があります。
  つくえ うえ ほん えんぴつ

  (책상 위에 책과 노트와 연필만 있다는 문장)
- 机の上に本やノートや鉛筆があります。
  つくえ うえ ほん えんぴつ

  (책상 위에 책과 노트와 연필 이외에 무엇인가 있을 수 있다는 문장)

～向け	대상

대상・행선지를 나타냄.

- 学生向けの食堂
  がくせいむ しょくどう
- 少年向けの本
  しょうねん む ほん

～し	～(하)고

같은 종류의 것들을 나열하거나, 화자의 기분을 좀 더 강하게 전달할 때 사용하는 병렬의 조사.

- 安いし、量もたっぷりだよ。
  やす りょう
- デザインもいいし、色もいいです。
  いろ

～によって	～에 의해서

- 好みによって
  この
- 値段によって
  ね だん

楽しめる

楽しむ의 가능형.

★ 가능형

あう	→	あえる
かく	→	かける

おきる	→	おきられる
たべる	→	たべられる

する	→	できる
くる	→	こられる

ぶんけいれんしゅう
文型練習

21 〜と〜に〜があるの

- 学生会館と図書館に食堂があるの。
- 一階と四階にコンピューター室があるの。
- 人文学館と社会学館にラボ室があるの。

✎ ＿＿＿＿＿＿と＿＿＿＿＿に＿＿＿＿＿があるの。

✎ ＿＿＿＿＿＿と＿＿＿＿＿に＿＿＿＿＿があるの。

22 〜によって〜

- 好みによっていろいろ楽しめるよ。
- 人によって考え方が違う。
- 値段によって品質が違う。

✎ ＿＿＿＿＿によって＿＿＿＿＿。

✎ ＿＿＿＿＿によって＿＿＿＿＿。

単어장		
机(つくえ) 책상	上(うえ) 위	鉛筆(えんぴつ) 연필
いい 좋다	少年向(しょうねんむ)け 소년 대상	デザイン 디자인
色(いろ) 색	値段(ねだん) 가격	おきる 일어나다
ノート 노트	〜や 〜와/과	一階(いっかい) 1층
四階(よんかい) 4층	コンピュータ室(しつ) 컴퓨터실	人文学館(じんぶんがっかん) 인문학관
社会学館(しゃかいがくかん) 사회학관		考(かんが)え方(かた) 사고방식
違(ちが)う 다르다	品質(ひんしつ) 품질	

동사의 종류

동사의 유형	동사 기본형	
Ⅰ그룹 동사 기본형이 う단으로 끝난다	聞く	듣다, 묻다
	行く	가다
	急ぐ	서두르다
	飲む	마시다
	呼ぶ	부르다
	死ぬ	죽다
	話す	말하다
	買う	사다
	帰る	돌아가(오)다
	待つ	기다리다
Ⅱ그룹 동사 기본형이 る로 끝나고 바로 앞 글자가 い단이나 え단으로 되어 있다	食べる	먹다
	見る	보다
	寝る	자다
Ⅲ그룹 동사 来る,する 두 개 뿐	来る	오다
	する	하다
	勉強する	공부하다

동사의 활용형

기본형	ます形	ない形	て形
会う	あいます	あわない	あって
立つ	たちます	たたない	たって
売る	うります	うらない	うって
話す	はなします	はなさない	はなして
書く	かきます	かかない	かいて
泳ぐ	およぎます	およがない	およいで
読む	よみます	よまない	よんで
死ぬ	しにます	しなない	しんで
飛ぶ	とびます	とばない	とんで
切る	きります	きらない	きって
走る	はしります	はしらない	はしって
見る	みます	みない	みて
食べる	たべます	たべない	たべて
する	します	しない	して
来る	きます	こない	きて

에키벤 ^{えきべん} 駅弁

일본에 가면 먹어 봐야 할 것 중에서 에키벤을 꼽는 사람도 꽤 많다. 에키벤(駅弁)이란 일본의 기차역에서 판매하는 도시락을 말한다. 일본인들의 에키벤은 맛있고 특별하다. 정거하는 역마다 그 고장의 향기가 스며든 색다른 도시락을 판다. 에키벤을 먹으면 그 지방 특산물의 맛, 역사, 풍토, 인정과 만날 수 있다.

에키벤을 먹는데도 법칙이 있다. 절대 정차 중에 먹어서는 안된다. 자신의 기호에 맞는 에키벤을 산 후 일단 전철이 출발하면 창밖의 풍경을 바라보며 천천히 눈과 입의 맛을 즐기라는 것이다. 매년 4월 10일은 '에키벤의 날'이다. 여행객에게 인기있는 에키벤을 더욱 널리 홍보하기 위해 정해졌다. 경치와 낭만을 즐기며 지역특산물을 이용하여 손수 한 개 한 개 정성으로 만든 에키벤과 함께 한다면 일본 여행의 또 다른 맛과 즐거움을 느낄 수 있을 것이다.

홋카이도 삿뽀로 눈축제 北海道札幌雪祭り ほっかいどうさっぽろゆきまつ

2월 초 1주일 동안 삿뽀로 시내의 오도리공원, 마코마나이, 나카지마, 스스키노 등 네곳에서 개최된다.

브라질 리우축제, 독일 옥토버 축제와 함께 세계 3대 축제로 설상, 얼음조각전시, 음악회, 눈의 여왕 선발대회 등 각종 행사를 함께 한다.

あかいろ 赤色 빨강색	オレンジ色 주황색	き色 노랑색	くろいろ 黒色 검은색
ももいろ 桃色 분홍색	みどり色 초록색	あお色 파랑색	あい色 남색
そらいろ 空色 하늘색	しゅいろ 朱色 주홍색	むらさき色 보라색	ちゃ色 갈색
はい色 회색	こげちゃ 암갈색	きん色 금색	ぎん色 은색
しろ色 흰색	みず色 물빛		

ぎんこう
銀行

단순한 입출금만 되는 ATM기기 외에
우체국과 신한은행 출장소가 있어서 너무 편리해.
한국에서 은행업무는 어떻게 보는지
츠요시와 리에에게 가르쳐줘야겠다.

ユナ ここが銀行だよ。

つよし 大学の中に銀行があるって便利だね。

スンミン うん。大学に銀行があるから、市内まで出なくてもいいんだよ。

りえ あー、そこにATMもあるんだ。

スンミン そうだよ。銀行が閉まってる時間でも、預金とか、引き出しとかできるよ。

つよし そうなんだ。

ここが銀行（ぎんこう）ですよ。

大学（だいがく）の中（なか）に銀行（ぎんこう）があるって便利（べんり）ですね。

はい。大学（だいがく）に銀行（ぎんこう）がありますから、市内（しない）まで出（で）なくてもいいんですよ。

あー、そこにATMもあるんですね。

そうですよ。銀行（ぎんこう）が閉（し）まってる時間（じかん）でも、預金（よきん）とか、引（ひ）き出（だ）しとかできますよ。

そうなんですか。

유 나	여기가 은행이야.
츠요시	학교 내에 은행이 있어서 편리하겠구나.
승 민	응. 학교에 은행이 있어서 시내로 나가지 않아도 돼서 좋아.
리 에	아 저기 ATM도 있다.
승 민	그래. 은행이 닫힌 시간에도 예금, 출금 등이 가능해.
츠요시	그렇구나.

銀行（ぎんこう） 은행
そこ 거기
閉（し）まる 닫다
引（ひ）き出（だ）し 인출
～てもいい ~해도 좋다

中（なか） 안
市内（しない） 시내
時間（じかん） 시간
できる 가능하다
～でも ~라도

便利（べんり） 편리
～まで ~까지
預金（よきん） 예금
ある 있다

단어장

~まで	~까지

한정을 나타내는 표현으로, 기점을 나타내는 から와 자주 쓰인다. ~から~まで(~에서(부터)~까지)

- 学校から家まで
- 1月から12月まで

出なくてもいいんだよ。	나가지 않아도 괜찮아요

기본형	出る
ない형	出ない
て형	出なくて
	出なくてもいいんだよ

~でも	~이라도

- 銀行が閉まってる時間でも
- 初めての人でも

~とか	~라든가

- 雨とか、雪とか
- お金とか、宝石とか

文型練習

23 ～が～だよ

- ここが銀行だよ。
- あっちが山の上だよ。
- あそこが運動場だよ。

✎ ＿＿＿＿＿＿＿が ＿＿＿＿＿＿＿だよ。

✎ ＿＿＿＿＿＿＿が ＿＿＿＿＿＿＿だよ。

24 ～に～があるって便利だね

- 大学の中に銀行があるって便利だね。
- うちの建物にエレベーターがあるって便利だね。
- 図書館に食堂があるって便利だね。

✎ ＿＿＿＿＿＿＿に ＿＿＿＿＿＿＿があるって便利だね。

✎ ＿＿＿＿＿＿＿に ＿＿＿＿＿＿＿があるって便利だね。

25 ～なくてもいいんだよ

- 出なくてもいいんだよ。

- 勉強しなくてもいいんだよ。

- 書かなくてもいいんだよ。

 _____ なくてもいいんだよ。

 _____ なくてもいいんだよ。

1月 いちがつ 1월	12月 じゅうにがつ 12월	雪 ゆき 눈
初 はじめて 처음으로	宝石 ほうせき 보석	人 ひと 사람
お金 かね 돈	山 やま の上 うえ 산 정상	運動場 うんどうじょう 운동장
建物 たてもの 건물	エレベーター 엘리베이터	書 か く 쓰다

단어장

동사의 ます形(けい) 정리

～ます (현재형)	～ません (현재 부정형)	～ました (과거형)	～ませんでした (과거부정형)
会います	あいません	あいました	あいませんでした
立ちます	たちません	たちました	たちませんでした
売ります	うりません	うりました	うりませんでした
話します	はなしません	はなしました	はなしませんでした
書きます	かきません	かきました	かきませんでした
泳ぎます	およぎません	およぎました	およぎませんでした
読みます	よみません	よみました	よみませんでした
死にます	しにません	しにました	しにませんでした
飛びます	とびません	とびました	とびませんでした
切ります	きりません	きりました	きりませんでした
走ります	はしりません	はしりました	はしりませんでした
見ます	みません	みました	みませんでした
食べます	たべません	たべました	たべませんでした
します	しません	しました	しませんでした
来ます	きません	きました	きませんでした

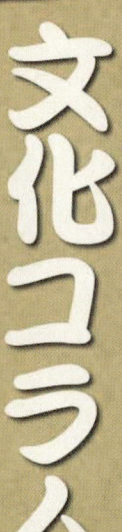
신칸센 新幹線
しんかんせん

1964년 이후로 일본의 주요 도시들은 초고속 열차인 신칸센으로 연결되어 왔다. 이 '총알열차'는 교토부터 도쿄까지 515키로미터를 2시간 정도에 주파한다. 시속 274킬로미터의 속도에 조용함과 편안함, 시원하게 펼쳐지는 풍경까지 담고 있다.

신칸센은 연중 무휴로 매일 운행하지만, 벚꽃이 만개하고 날씨가 온화한 3월과 4월이 여행하기에 가장 좋다.

신칸센에는 세 가지 유형의 열차가 있다. '노조미호'는 주요역에만 정차하며 가장 빠르게 연결하며, JR패스는 사용할 수 없다. '히카리호'는 중간규모의 역에 정차하고, '고다마호'는 모든 역에 정차한다. 모든 열차는 보통석과 일등석 가운데 선택할 수 있다.

文化コラム

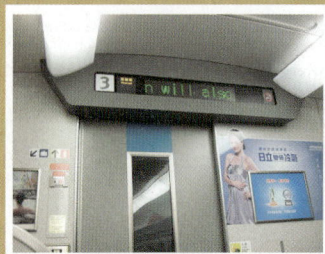

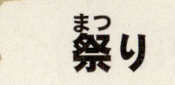

祭り (まつり)

후쿠오카 하카타 기온야마가사 福岡博多祇園山笠 (ふくおかはかたぎおんやまがさ)

7월 1~15일

후쿠오카 중심인 하카타에서 열리는 남자 마츠리 이다.

축제 기간에 거리는 일본 남성의 웅장함과 묵직함으로 거리를 가득 메운다. 무게 1톤의
카키야마를 짊어지고 경주를 펼치는 오이야마가 가장 큰 볼거리 이다.

リコーダー
리코더

ギター
기타

ドラム
드럼

コントラバス
콘트라베이스

ピアノ
피아노

トランペット
트럼펫

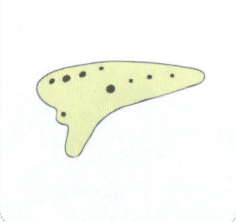

オカリナ
오카리나

サキソホン
색소폰

トライアングル
트라이앵글

ハープ
하프

バイオリン
바이올린

ホルン
호른

タンバリン
탬버린

シロホン
실로폰

トロンボーン
트롬본

チェロ
첼로

<ruby>眼鏡屋<rt>めがねや</rt></ruby>

자주 가던 안경점은 너무 멀고
가까운 안경점이라 해도 시내에 있다니
불편하다고 생각했는데
학생회관에 안경점이 있어 정말 편리하다.
마침 승민이가 잘 모른다니 설명을 해주고 싶은데
일본어로 위치 표현은 어떻게 해야할까.

 スンミン　眼鏡屋さんはどこにある。

 ユナ　学生会館の一階の銀行のとなりにあるよ。

 スンミン　そこは(値段は)高くない。

 ユナ　そんなことないよ。お客さんのほとんどが学生だから、安いと思うよ。

 スンミン　品質は大丈夫なの。

 ユナ　うん…私がコンタクトをそこで買ったんだけど、問題ないよ。

 スンミン　店員さんはどう。

 ユナ　ほんとに親切にしてくれるよ。一回行ってみたら。

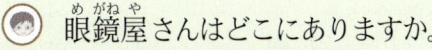

眼鏡屋さんはどこにありますか。

学生会館の一階の銀行のとなりにありますよ。

そこは(値段は)高くないですか。

そんなことありませんよ。お客さんのほとんどが学生ですから、安いと思いますよ。

品質は大丈夫なんですか。

はい…私がコンタクトをそこで買ったんですけど、問題ないですよ。

店員さんはどうですか。

ほんとに親切にしてくれますよ。一回行ってみたらどうですか。

승 민	안경점은 어디 있어?
유 나	학생회관 1층 은행 옆에 있어.
승 민	거기 (가격은) 비싸?
유 나	아니, 손님의 대부분이 학생이니까 싼 편이야.
승 민	물건은 좋아?
유 나	음... 내가 콘택트렌즈를 거기서 샀는데 쓸만 해.
승 민	점원은 어때?
유 나	정말 친절해. 한번 가봐.

단어장

眼鏡屋めがねや さん 안경점	となり 옆	ある 있다
そんな 그런	値段ねだん 가격	こと 일
お客きゃく さん 손님	ほとんど 대부분	～と思おもう ~라고 생각하다
どう 어때	品質ひんしつ 품질	大丈夫だいじょうぶ 괜찮음
コンタクト 콘택트렌즈	買かう 사다	店員てんいん 점원
親切しんせつ 친절(함)	～たら ~하면	一回いっかい 한번

となり	이웃, 옆, 곁

위치명사

上 (うえ)	위	前 (まえ)	앞	そば	옆	ななめ	경사
下 (した)	아래	後 (うしろ)	뒤	横 (よこ)	(가로)옆	奥 (おく)	안쪽, 구석
中 (なか)	중간, 안	左 (ひだり)	왼쪽	間 (あいだ)	사이	隅 (すみ)	모퉁이, 구석
外 (そと)	밖	右 (みぎ)	오른쪽	まっすぐ	똑바로	つきあたり	막다른 곳

安 (やす) いと思 (おも) うよ	싸다고 생각해요

이때의 と는 ~(라)고의 의미이다.

- 高 (たか) いと思 (おも) うよ。
- 危険 (きけん) と見 (み) る。

買 (か) ったんだけど	샀는데

기본형	買 (か) う
た형	買 (か) った
	買 (か) ったんだ
	買 (か) ったんだけど

26 〜は〜にある

- 眼鏡屋さんはどこにある。

- とこやはここにある。

- デパートはあそこにある。

✎ ＿＿＿＿＿＿＿ は ＿＿＿＿＿＿ にある。

✎ ＿＿＿＿＿＿＿ は ＿＿＿＿＿＿ にある。

27 〜の〜にある

- 銀行のとなりにある。

- 机の上にある。

- トイレの中にある。

✎ ＿＿＿＿＿＿＿ の ＿＿＿＿＿＿ にある。

✎ ＿＿＿＿＿＿＿ の ＿＿＿＿＿＿ にある。

28 ～んだけど、問題ないよ

- 買ったんだけど、問題ないよ。
- 売ったんだけど、問題ないよ。
- 始まったんだけど、問題ないよ。

✎ _____ んだけど、問題ないよ。

✎ _____ んだけど、問題ないよ。

29 ～てみたら

- 行ってみたら。
- 回してみたら。
- 書いてみたら。

✎ _____ てみたら。

✎ _____ てみたら。

危険 きけん　위험, 우려	とこや　이발소	デパート　백화점
あそこ　저쪽	トイレ　화장실	売 うる　팔다
始 はじまる　시작되다	回 まわす　돌리다	

단어장

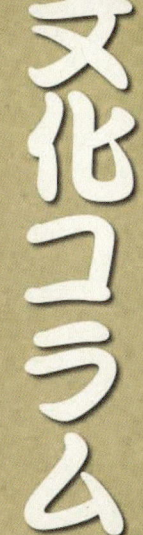

文化コラム

코타츠 コタツ

일본의 겨울문화를 논할 때 절대 빠질 수 없는 것이 코타츠이다.

한국과 달리 온돌을 사용하지 않는 일본에서는 코타츠 없는 겨울을 상상하기 힘들다.

각 종 애니메이션, 드라마에 많이 등장하기도 한다.

주로 이 안에서 귤, 과자를 먹기도 하고 느긋한 시간을 보낸다.

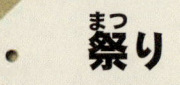

まつ
祭り

하카타 돈타쿠 はかた 博多どんたく

5월 3~4일

본치카아이야, 넨네시나 라는 노래로 시 전체가 들끓는 성대한 축제이다. 약 400년 전 하카타 상인이 축전영주가 있는 성에 3복신, 어린아이, 토오리몬(그방면에 이름이 난 사람)으로 이뤄진 마츠바야시를 준비해서 신년인사를 갔었던 것에서 유래되었는데, 누구나 참가 할 수 있는 토오리몬이 주민들 사이에서 자연스러운 인사법으로 정착되었다고 일컬어진다. 남녀노소가 축제기간동안 샤모지를 두드리며 행진한다.

<ruby>木<rt>き</rt></ruby>と<ruby>花<rt>はな</rt></ruby> ： 나무와 꽃

<ruby>松<rt>まつ</rt></ruby>
소나무

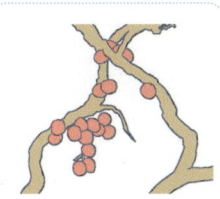

<ruby>柿<rt>かき</rt></ruby>
감나무

イチョウ
은행나무

チューリップ
튤립

<ruby>菊<rt>きく</rt></ruby>
국화

<ruby>松柏<rt>しょうはく</rt></ruby>
잣나무

やなぎ
버드나무

くりのき
밤나무

<ruby>紅葉<rt>もみじ</rt></ruby>
단풍

<ruby>櫻<rt>さくら</rt></ruby>
벚꽃

<ruby>竹<rt>たけ</rt></ruby>
대나무

コスモス
코스모스

バラ
장미

カーネーション
카네이션

きり
오동나무

ユリ
백합

ムクゲ
무궁화

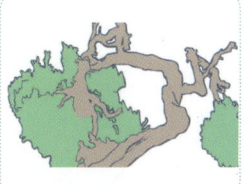

いぶき
향나무

レンギョウ
개나리

つつじ
진달래

クラブ<ruby>活動<rt>かつどう</rt></ruby>

며칠 전에 가볍게 다친 손가락이
여전히 말을 듣질 않는다.
다 같이 하는 연습이라 피해를 주고 싶지 않은데
뜻대로 되지 않아 답답하네...
이럴 때 어떻게 사과해야 하지?

 ミンホ　どうしたんだ。今日のギター、変だぞ。

 ジュンギ　すみません。ちょっと…。

 スンミン　何かあったのか。

 ジュンギ　はい、それが、手にけがをしてしまったんです。

 ミンホ　じゃあ、今日の練習はここまでにしよう。

 ジュンギ　すみません。迷惑をかけてしまって。

 ミンホ　大丈夫だよ。じゃあ、今日はこれで解散。

 ジュンギ　お疲れ様でした。

どうしたんですか。今日のギター、変ですよ。

すみません。ちょっと…。

何かあったんですか。

はい、それが、手にけがをしてしまったんです。

じゃあ、今日の練習はここまでにしましょう。

すみません。迷惑をかけてしまって。

大丈夫ですよ。じゃあ、今日はこれで解散しましょう。

お疲れ様でした。

민 호   왜 그래? 오늘 기타 이상한데.
준 기   죄송합니다. 좀…
승 민   무슨 일 있었어?
준 기   네 그게, 손을 다쳐버렸어요.
민 호   그럼, 오늘 연습은 여기까지 하자.
준 기   죄송합니다. 폐를 끼쳐버려서.
민 호   괜찮아. 그럼 오늘은 이걸로 해산하자.
준 기   수고하셨습니다.

今日きょう 오늘   ギター 기타   変へん 이상함
ちょっと 조금, 약간   何なにか 뭔가가   手て 손
けが 상처   ～てしまう ~해 버리다   練習れんしゅう 연습
ここまで 여기까지   解散かいさん 해산   迷惑めいわくをかける 폐를 끼치다
お疲つかれ様さまでした 수고하셨습니다   どうしたんだ 무슨 일이야

文法ノート

～ぞ

스스로에게 다짐하거나 판단을 나타낼 때 쓰는 종조사.

- 変だぞ。
- おかしいぞ。

～てしまったんです | ～해 버렸어요

- 手にけがをしてしまったんです。
- 死んでしまったんです。

～までに | ～까지

まで와 までに를 구별하자.

- 5時までここで待っています。 （O）
  5시까지 기다리는 계속적인 상태일 경우는 가능
- 5時までにここで待っています。(X)
  5시라는 기점, 끝나는 시점을 명시한 경우에는 이 문장은 틀린 문장.
  5시까지 무언가의 일을 끝내버린 경우는 가능
  （五時までに宿題を終える。）

迷惑をかける | 폐를 끼치다

お疲れ様でした | 수고하셨습니다

- ご苦労様でした。

文型練習

30 〜てしまったんです

- 飲んでしまったんです。
- 行ってしまったんです。
- 飛んでしまったんです。

✏ _____ てしまったんです。

✏ _____ てしまったんです。

31 〜までにしよう

- 明日までにしよう。
- 日曜日までにしよう。
- 24日までにしよう。

✏ _____ までにしよう。

✏ _____ までにしよう。

일본 라면의 종류 ラーメンの種類(しゅるい)

일본에서는 음식점이 오랫동안 집안 대대로 이어져 내려오는 경우가 많다. 그러다 보니 각 집안의 맛의 특색이 다르다. 라면가게도 오래된 집이 많고, 같은 라면도 집집마다의 맛이 다르다. 국물, 면, 양념 바로 이 세 가지를 어떻게 만들고 조합하느냐에 따라서 맛이 달라지기 때문이다. 일본의 3대 라면이라고 한다면 삿포로 미소라면, 하카타 돈고츠라면, 키타카타 쇼유라면을 꼽는다. 이 라면들은 모두 국물의 양념과 맛의 조리법이 다르다.

삿포로 미소라면

일본 최북부 홋카이도 삿포로에서 유래된 라면은 미소라면이다. '미소'는 일본식 된장을 의미한다. 된장 특유의 맛이 잘 살아있어서, 일본의 라면을 이야기할 때 가장 많이 언급되고, 또한 일본의 라면을 대표할만한 맛이라고 할 수 있다.

하카타 돈고츠라면

하카타에서 국물을 우려내는 재료는 돼지고기와 뼈다. 돼지뼈의 그 강력한 특유의 향을 모두 가지고 있다. 물론 종종 돼지국물 특유의 향에 약한 손님들을 위하여, 마늘을 갈아서 넣기도 한다. 돈고츠라면의 국물은 돼지뼈를 거의 하루 가까이 끓여서 내기 때문에, 굉장히 짙은 맛을 낸다. 처음 먹는 사람들은 고개를 절레절레 흔들지만 정말 라면을 좋아하는 마니아들 사이에서 돈고츠라면의 국물은 "진국"이라는 평가를 받으며 사랑받고 있다.

키타카타 쇼유라면

키타카타에서 유래된 라면은 바로 쇼유라면이다. '쇼유'라는 것은 일본식 간장을 말한다. 닭뼈 국물에 일본간장 쇼유로 맛을 낸 라면이다. 특히 우리나라 사람들의 입맛에 맞지 않는 특유의 향이 적기 때문에, 우리나라에서 인기가 좋은 라면이다.

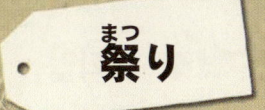

祭り

교토 아오이 마츠리 京都葵祭り

5월 15일

행렬 전체를 아오이(접시꽃)잎으로 장식해서 붙여진 이름이다.

교토 3대 마츠리 중 하나로 일본 마츠리 중에서도 가장 우아하고 고풍스러운 것으로 알려져

있다. 왕조의 행렬을 재현한 것으로 700m에 달하는 행렬이 시모가모 신사를 거쳐 가미가모

신사로 향한다. 날씨를 좋게 만들기를 기원하던 것을 기념하는 축제이다.

先生
선생님

教授
교수

運動選手
운동선수

パイロット
파일럿

科学者
과학자

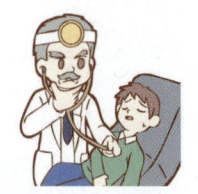
医者
의사

弁護士
변호사

自営業
자영업

警察官
경찰관

アナウンサー
아나운서

会社員
회사원

公務員
공무원

歌手
가수

銀行員
은행원

コラムニスト
칼럼니스트

翻訳家
번역가

看護婦
간호사

スチュワーデス
스튜어디스

記者
기자

運転手
운전수

りょう
寮

우와! 외관은 마치 호텔 같아!
신축이라 그런지 내부도 정말 깔끔하네!
시설도 좋고 친구들이랑 같이 생활도 해볼 수 있고,
앞으로 기숙사 생활이 기대되는데!

りえ
あの建物は何。

スンミン
学生寮だよ。家が遠い学生はここに住んでるんだ。

ユナ
大学に通うのも楽だし、友達とももっと親しくなれるの。

りえ
食事とかはどうするの。

ユナ
食堂へ行って名前を言えば食べられるようになってるの。

スンミン
寮の中に売店もあるし、コンピュータ室とか、ジムもあるよ。

りえ
友達といっしょに生活できるって考えると、わくわくする

ね。

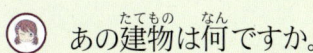

あの建物は何ですか。

学生寮ですよ。家が遠い学生はここに住んでるんです。

大学に通うのも楽ですし、友達とももっと親しくなれるんです。

食事とかはどうするんですか。

食堂へ行って名前を言えば食べられるようになってるんです。

寮の中に売店もありますし、コンピュータ室とか、ジムもありますよ。

友達といっしょに生活できるって考えると、わくわくしますね。

리 에	저 건물은 뭐야?
승 민	기숙사야. 집이 먼 학생들은 여기에 살고 있어.
유 나	학교 다니기도 편하고, 친구들과 더 가까워질 수 있지.
리 에	식사는 어떻게 해?
유 나	식당에 가서 이름을 말하면 먹을 수 있어.
승 민	기숙사 안에 매점도 있고, 컴퓨터실이나, 헬스장도 있어.
리 에	친구들과 같이 생활할 수 있다고 생각하니, 너무 설레.

단어장

学生寮(がくせいりょう) 학생기숙사	遠(とお)い 멀다	住(す)む 살다
楽(らく) 편안함	友達(ともだち) 친구	～へ ~에
～と ~와/과	もっと 좀 더	親(した)しい 친하다
名前(なまえ) 이름	中(なか) 속, 안	寮(りょう) 기숙사
売店(ばいてん) 매점	言(い)う 말하다	コンピューター室(しつ) 컴퓨터실
～とか ~라든가	ジム 체육관	生活(せいかつ) 생활
考(かんが)える 생각하다	わくわく 두근두근	

した 親しくなれるの	친해질 수 있어

기본형	した 親しい
부사화	した 親しく
	した 親しくなる
	した 親しくなれる
	した 親しくなれるの

い 言えば	말하면

い
言う의 가정조건형

た 食べられるようになってるの

기본형	た 食べる
가능형	た 食べられる
	た 食べられるようになる
	た 食べられるようになっている
	た 食べられるようになってるの

かんが 考えると	생각하면

かんが
考える의 조건형

일본어의 조건형에는 ～たら, ～ば, ～と 등 여러가지가 있지만 그 구별은 용이하지 않다. ～たら만은 문말에 제한이 없어서 사용하는데 그다지 어렵지 않지만, ～ば와 ～と는 문말에 제한이 많으므로 사용하는데 주의를 기울여야 한다.

32 ～を ～ば ～

- 名前を言えば食べられる。

- よくテキストを読めばわかります。

- 年をとれば身体が弱くなる。

✐ ＿＿＿＿＿＿＿＿ を ＿＿＿＿＿＿ ば ＿＿＿＿＿＿ 。

✐ ＿＿＿＿＿＿＿＿ を ＿＿＿＿＿＿ ば ＿＿＿＿＿＿ 。

33 ～と ～

- 暖かくなると桜の花がさきます。

- この道を右に曲がると駅が見えます。

- ここを強く押すと電気がつきます。

✐ ＿＿＿＿＿＿＿＿＿ と ＿＿＿＿＿＿ 。

✐ ＿＿＿＿＿＿＿＿＿ と ＿＿＿＿＿＿ 。

言いう 말하다	食たべる 먹다	考かんがえる 생각하다
よく 잘	テキスト 텍스트, 교과서	読よむ 읽다
わかる 알다	この 이	年としをとる 나이를 먹다
体からだ 몸	弱よわい 약하다	道みち 길
暖あたたかい 따뜻하다	桜さくら 벚꽃	さく 피다
右みぎ 오른쪽	曲まがる 돌다	押おす 누르다
電気でんきがつく 전기가 켜지다	駅えき 역	

단어장

일본에서 가장 많은 성(姓)은?

일본 드라마나 영화를 보면 학교에서 출석을 부르는 장면이 종종 나온다. 야마다, 다나카, 다카하시 등 호명되는 자신의 이름에 짧게 대답하는 것은 우리나라와 같은데, 다른 점은 성만 호명한다는 것이다. 예를 들면 아사다 마오는 마오없이 아사다만 불러도 자신의 이름이라는 것을 안다. 그 이유는 바로 일본의 성(姓)이 셀 수 없을 만큼 다양하여 성만으로도 분별이 가능하기 때문이다. 일본의 성씨는 연구자료를 통한 추산만 있을 뿐, 확실한 수치는 나와 있지 않다.

일본성씨의 종류는 얼마나 될까?

30만개 이상이라는 속설도 있지만, 한 연구자는 10만개 정도로 추산하고 있다. 성씨가 다양하다보니, 이름까지 모두 합하였을 경우 동성동명을 만날 확률은 매우 적다. 하지만, 일본에도 흔한 성이 없는 건 아니다. 한 조사에 의하면 일본에서 가장 많은 성씨는 474,558 세대의 '사토'로 나타났다. 다음이 '스즈키, 다카하시, 다나카' 순이다. 하지만 30위를 기록한 '후지타'가 94,960세대로 비교적 분포도가 일정하다는 것을 알 수 있다. 우리나라에서 절반 이상이 김씨, 이씨, 박씨인 것과는 다른 양상이다.

그렇게 많은 성씨는 어디서 왔을까?

일본의 성씨가 이렇게나 많은 것은 그 유래가 다양하기 때문이다. 성씨가 만들어진 과정은 여러가지가 있는데, 먼저 귀족이었던 후지와라(藤原) 가문의 등나무 등(藤)자를 활용하여 새로운 성씨가 등장한 것이 하나의 유래다. 여기서 생겨난 성씨가 사토(佐藤), 이토(伊藤), 가토(加藤) 등의 성씨다. 또 지명이나 지형을 토대로 생겨난 성씨도 있는데, 대부분의 성씨가 이 경우에 해당한다. 사람들이 거주한 장소와 환경에 따라 田中(다나카), 山本(야마모토), 林(하야시), 大石(오오이시) 등의 성씨가 등장했다. 이 외에도 직업이나 신분 등에 의한 유래가 있다.

사토라는 성이 많은 이유

옛날 일본에서는 가신이 주군의 성을 쓰는 것은 가족이 아니면 허락되지 않았다. 그런데, 전국시대의 다이묘(영토를 다스리는 지방영주)에는 사토성을 가진 가문이 없었다고 한다. 그런 이유로 가신이나 일반서민들이 사토라는 성을 자유롭게 사용할 수 있었고, 지금처럼 전국적으로 분포하게 되었다. 만약 다이묘 중에 사토가문이 있었다면, 사토라는 성을 가진 사람이 지금처럼 많지는 않았을 것이다.

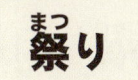

祭り

나가노현 온바시라 마츠리 長野県御柱祭り

4~5월

7년에 한번 열리며 6개 시, 읍, 면의 20만 명이 참가하는 스와타이샤 최대의 행사로 1,200년의 역사를 자랑하는 오래된 마츠리이다.

크게 야마다시와 사토비키로 나뉘며 각각 4월과 5월에 행해진다.

거대한 나무를 타고 언덕위에서 내려오는 키오토시는 마츠리의 하이라이트이다. 축제가 열리는 2달 동안은 금요일부터 일요일까지 모두 연휴로 삼는 기업이 있을 정도로 지역의 열정적인 행사이다.

身体：신체
しんたい

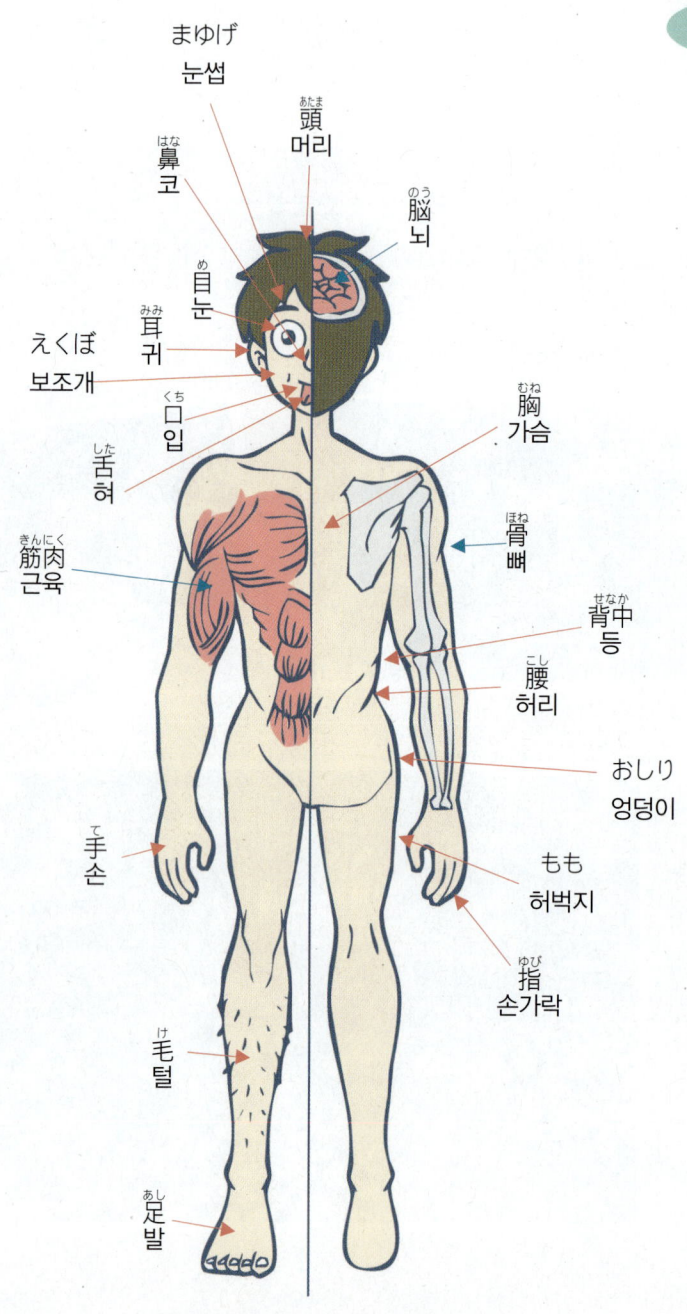

まゆげ
눈썹

頭
あたま
머리

脳
のう
뇌

鼻
はな
코

目
め
눈

耳
みみ
귀

えくぼ
보조개

口
くち
입

舌
した
혀

胸
むね
가슴

骨
ほね
뼈

筋肉
きんにく
근육

背中
せなか
등

腰
こし
허리

おしり
엉덩이

手
て
손

もも
허벅지

指
ゆび
손가락

毛
け
털

足
あし
발

STEP 14

아, 벌써 선선한 가을이로구나.
곧 있으면 축제라던데 언제지??
기대되는걸.
대학 축제라면 크고 거대하겠지.
사람들도 북적거리고... 일본의 마츠리 같으려나?
응? 뭐??? 축제가 벌써 지났다구?

 ジュンギ　大学祭っていつ。

 スンミン　何言ってるんだよ。もう終わったよ。

 ジュンギ　ええ!いつだったの。知らなかった。

 スンミン　夏にあったよ。学生会館の前にいろんな店も出てたし、歌手も来て歌ったよ。

 ジュンギ　ああ、そうだった。あれが大学祭だったのか。

 スンミン　うん。僕は楽しかったけど、ジュンギ君は楽しくなかったみたいだね。

 ジュンギ　うん。がっかりしたよ。大学祭ってもっとにぎやかで、自分も参加できると思ってたよ。

 スンミン　参加したいなら、来年からクラブに入ったらどう。

 ジュンギ　そうだね。来年はクラブに入るよ。

大学祭^{だいがくさい}っていつですか。

何言^{なにい}ってるんですか。もう終^おわりましたよ。

ええ!いつだったんですか。知^しりませんでした。

夏^{なつ}にありましたよ。学生会館^{がくせいかいかん}の前^{まえ}にいろんな店^{みせ}も出^でてましたし、歌手^{かしゅ}も来^きて歌^{うた}いましたよ。

ああ、そうでしたね。あれが大学祭^{だいがくさい}だったんですか。

はい。私^{わたし}は楽^{たの}しかったけど、ジュンギ君^{くん}は楽^{たの}しくなかったみたいですね。

はい。がっかりしましたよ。大学祭^{だいがくさい}ってもっとにぎやかで、自分^{じぶん}も参加^{さんか}できると思^{おも}ってましたよ。

参加^{さんか}したいなら、来年^{らいねん}からクラブに入^{はい}ったらどうですか。

そうですね。来年^{らいねん}はクラブに入^{はい}りますよ。

준 기	축제는 언제야?
승 민	무슨 소리 하는 거야. 벌써 끝났어.
준 기	뭐! 언제였어? 몰랐는데.
승 민	여름에 했었어. 학생회관 앞에 주점도 많이 열었었고, 가수도 와서 노래불렀어.
준 기	아 그랬군. 그게 축제였나.
승 민	응. 난 재미있었는데 준기 넌 재미있지 않았나 보네.
준 기	응. 실망했어. 대학축제란 건 더 북적이고, 나도 참가할 수 있을 줄 알았는데.
승 민	참가하고 싶으면, 내년부터 클럽에 들면 어때?
준 기	그렇구나. 내년은 클럽에 들어야지.

大学祭^{だいがくさい} 대학축제	いつ 언제	終^おわる 끝나다
知^しる 알다	夏^{なつ} 여름	~に ~에
前^{まえ} 앞	あれ 저것	いろんな 여러 가지
店^{みせ} 가게	歌手^{かしゅ} 가수	君^{くん} 군
歌^{うた}う 노래하다	がっかりする 실망하다	にぎやか 떠들썩함
自分^{じぶん} 자기 자신	参加^{さんか} 참가	~たい ~하고 싶다
~なら ~라면	来年^{らいねん} 내년	クラブ 클럽
入^{はい}る 들어가(오)다		

단어장

いつだったの	언제 였어

だ의 과거형 だった에 의문종조사 の가 붙은 형태

- そうだったの
- 二日前だったの

知らなかった	알지 못했다

기본형	知る
부정형	知らない
과거형	知らなかった

楽しくなかったみたいだね	재미 있지 않았던 것 같네

기본형	楽しい
부정형	楽しくない
과거형	楽しくなかった
	楽しくなかったみたいだ
	楽しくなかったみたいだね

〜と思う	〜라고 생각하다

- 自分も参加できると思う。
- あのケーキが食べられると思う。

参加_{さんか}したいなら　　　참가하고 싶다면

- 図書館_{としょかん}へ行_いくなら
- 納豆_{なっとう}がきらいなら

34 〜が〜だったのか

- あれが大学祭（だいがくさい）だったのか。

- この人（ひと）が手紙（てがみ）の人（ひと）だったのか。

- ここがむかしの学校（がっこう）だったのか。

✏ _____ が _____ だったのか。

✏ _____ が _____ だったのか。

35 〜くなかったみたいだね

- 楽（たの）しくなかったみたいだね。

- おもしろくなかったみたいだね。

- さびしくなかったみたいだね。

✏ _____ くなかったみたいだね。

✏ _____ くなかったみたいだね。

36 ~たらどう

- クラブに入ったらどう。
- パンでも食べたらどう。
- 日記でも書いたらどう。

 _____ たらどう。

✎ _____ たらどう。

そう　그래 정말	二日 ふつか　이틀	楽 たの しい　즐겁다
ケーキ　케이크	納豆 なっとう　낫토	きらいだ　싫어하다
人 ひと　사람	手紙 てがみ　편지	さびしい　쓸쓸하다
日記 にっき　일기		

단어장

일본의 국경일

文化コラム

がんじつ 元日	1월 1일	새해 첫날
せいじん ひ 成人の日	1월 2번째 월요일	성인의 날
けんこくきねんび 建国記念日	2월 11일	건국기념일
しゅんぶん ひ 春分の日	3월 20일 또는 21일	춘분의 날
しょうわ ひ 昭和の日	4월 29일	쇼와의 날(전 천황 탄생일)
けんぽうきねんび 憲法記念日	5월 3일	헌법기념일
ひ みどりの日	5월 4일	신록의 날
ひ こどもの日	5월 5일	어린이 날
うみ ひ 海の日	7월 세 번째 월요일	바다의 날
けいろう ひ 敬老の日	9월 세 번째 월요일	경로의 날
しゅうぶん ひ 秋分の日	9월 22일 또는 23일	추분의 날
たいいく ひ 体育の日	10월 두 번째 월요일	체육의 날
ぶんか ひ 文化の日	11월 3일	문화의 날
きんろうかんしゃ ひ 勤労感謝の日	11월 23일	근로 감사의 날
てんのうたんじょうび 天皇誕生日	12월 23일	천황탄생일(현 아키히토 천황)

아키타 나마하게 마츠리 秋田_{あきた}なまはげ祭_{まつ}り

12월 31일

도깨비로 가장한 신의 화신인 나마하게가 집집마다 방문하는 오오미소카라는 기이한 행사이다.

각 집의 주인은 정장을 하고 귀신을 맞이하여 환대한다. 아주 게으른 사람을 징벌한다는 의미를 가진다. 또 귀신은 사악함을 물리치고 복을 가져다 준다는 새해의 신이기도 하며, 나마하게가 떠나면 새해가 밝아 온다.

남자는 붉은 탈을, 여자는 파란 도깨비 탈을 쓴다.

かれい
가자미

さば
고등어

さんま
꽁치

まぐろ
참치

ひらめ
넙치

たこ
문어

あさり
바지락

ふぐ
복어

はまぐり
대합

たい
도미

えび
새우

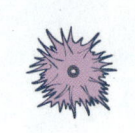

うに
성게

さけ
연어

ぶり
방어

あんこう
아귀

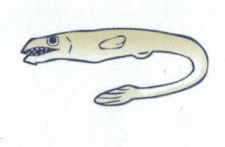

うなぎ
장어

あわび
전복

たら
대구

いか
오징어

あじ
전갱이

STEP 15

スピーチ<ruby>大会<rt>たいかい</rt></ruby>

스피치 대회가 다가오고 있어.
사람들 앞에 나서는 것이 떨리고 긴장되지만,
열심히 연습해서 일년 동안 공부한 내 실력을
보여줄 테니 지켜보라고.
리에 너도 같이 할래?

スンミン 私たち日本語学科には、学生がいままで勉強したことを発表する場所のひとつとして日本語スピーチ大会があるんだ。

りえ ほんと。それはおもしろそうね。いつあるの。

スンミン 毎年、九月に。

りえ ひょっとしてスンミンも出るの。

スンミン うん。今度こそ、これまで勉強したことをみんなの前で見せたいと思って。

りえ スンミンが発表しているところ、絶対見てみたいな。

きっと上手にできるよ。がんばって。

スンミン うん。ありがと。

私^{わたし}たち日本語学科^{にほんごがっか}には、学生^{がくせい}がいままで勉強^{べんきょう}したことを発表^{はっぴょう}する場所^{ばしょ}のひとつとして日本語^{にほんご}スピーチ大会^{たいかい}があるんです。

ほんとうですか。それはおもしろそうですね。いつあるんですか。

毎年^{まいとし}、九月^{くがつ}にあります。

ひょっとしてスンミンさんも出^でるんですか。

はい。今度^{こんど}こそ、これまで勉強^{べんきょう}したことをみんなの前^{まえ}で見^みせたいと思^{おも}いまして。

スンミンさんが発表^{はっぴょう}しているところ、絶対見^{ぜったいみ}てみたいです。

きっと上手^{じょうず}にできますよ。がんばってください。

はい。ありがとうございます。

승 민	우리 일본어 학과에는 학생들이 지금까지 배웠던 것을 발표 할 수 있는 것으로 일본어 스피치 대회가 있어.
리 에	정말? 그거 재밌을 거 같다. 언제 하는 거야?
승 민	매년 9월에 해.
리 에	혹시, 승민이도 참가해?
승 민	응. 이번에야 말로 지금까지 공부한 것을 모두의 앞에서 보여주고 싶어.
리 에	네가 발표하는 모습, 꼭 보고 싶다. 분명 잘 할 수 있을 거야. 힘내!
승 민	응 고마워!

~には ~에는	いままで 지금까지	勉強^{べんきょう} 공부
ひとつ 하나	発表^{はっぴょう} 발표	場所^{ばしょ} 장소
~として ~로서	スピーチ大会^{たいかい} 말하기 대회	面白^{おもしろ}い 재미있다
ひょっとして 혹시	今度^{こんど}こそ 오늘이야말로	見^みせる 보여주다
きっと 분명	上手^{じょうず} 잘함	

단어장

文法ノート

～として

자격이나 입장을 나타내는 격조사이다.

- 人間としてゆるせない。
- 住宅地として最適だ。

ひょっとして	혹시, 만일

- ひょっとしてスンミンも出るの。
- ひょっとして火事でもなったら大変だ。

見せたい	보여주고 싶다

기본형 みせる에 조동사 たい가 붙은 형태.
조동사 たい는 동사ます形에 연결한다.
たい와 たがる는 다음과 같이 구별된다.

たい	1인칭	イ형용사활용	목적격 が,を
たがる	3인칭	동사활용	목적격 を

37 〜たことを〜たい

- 勉強したことを見せたい。
- 飛行機に乗ったことを話したい。
- 学校へ行ったことを隠したい。

✏ _____ たことを _____ たい。

✏ _____ たことを _____ たい。

38 〜ところ、絶対見てみたい

- 発表しているところ、絶対見てみたい。
- 花の咲いているところ、絶対見てみたい。
- 盗んでいるところ、絶対見てみたい。

✏ _____ ところ、絶対見てみたい。

✏ _____ ところ、絶対見てみたい。

ゆるす　용서하다	住宅地じゅうたくち　주택지	最適さいてき　최적
火事かじ　화재	〜でも　~라도	大変たいへん　큰일
飛行機ひこうき　비행기	乗のる　타다	隠かくす　숨기다
咲さく　피다	盗ぬすむ　훔치다	絶対ぜったい　절대로

단
어
장

일본의 화폐

1円
어린 묘목

5円
벼 이삭

10円
뵤도인의 봉황당

50円
국화

100円
벚꽃

500円
오동나무

1000円
나쓰메 소세키

2000円
수리성 슈에이문

5000円
히구치 이치요

10000円
후쿠자와 유키치

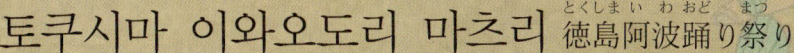

<ruby>祭<rt>まつ</rt></ruby>り

토쿠시마 이와오도리 마츠리 <ruby>德島<rt>とくしま</rt></ruby><ruby>阿<rt>あ</rt></ruby><ruby>波<rt>わ</rt></ruby><ruby>踊<rt>おど</rt></ruby>り<ruby>祭<rt>まつ</rt></ruby>り

8월 12～15일

시 중심부 일대를 무대로 계속해서 춤을 추는 축제이다.

낮 동안에는 나가시라고 하는 절제되고 조용한 춤을 추고, 밤이 되면 조메키라고 하는 보다 생동감 있는 춤을 춘다. 남자의 춤은 낮은 자세로 박자가 빨라질수록 힘이 넘치고, 여자의 춤은 우아하면서 요염한 자태를 뽐내 매우 매력적이다.

飲み物：마실 것

紅茶（こうちゃ）
홍차

コーラ
콜라

レモンティー
레몬티

むぎちゃ
보리차

茶（ちゃ）
차

ビール
맥주

ウイスキー
위스키

ミルク
우유

ミネラルウォーター
생수

牛乳（ぎゅうにゅう）
우유

ウーロン茶（ちゃ）
우롱차

ワイン
와인

オレンジジュース
오렌지주스

グレープフルツ
자몽주스

缶（かん）コーヒー
캔커피

アイスコーヒー
아이스커피

ホットコーヒー
핫커피

炭酸飲料（たんさんいんりょう）
탄산음료

オープンハウス

야~
한국엔 신기한 행사가 있구나!
평소에 착실하고 깔끔한 유나는 방도 깔끔하겠지?

つよし　ユナさん、あした寮のオープンハウスって何のこと。

ユナ　あー、オープンハウスっていうのは、一日寮を開放して、お互いに別の寮の学生たちを招待する日だよ。

つよし　あ、なるほど。おもしろそう。

ユナ　うん。オープンハウスのときは、きれいな部屋に選ばれたらプレゼントももらえるんだ。

つよし　僕の部屋も選ばれるようにきれいに掃除しなきゃ。

ユナ　つよしさん、よかったら明日私の部屋に遊びに来ない。

つよし　いってもいい。うん。じゃあ明日いくよ。

ユナ　じゃ、明日ね。

ユナさん、あした寮のオープンハウスって何のことですか。

あー、オープンハウスっていうのは、一日寮を開放して、お互いに別の寮の学生たちを招待する日ですよ。

あ、なるほど。おもしろそうですね。

うん。オープンハウスのときは、きれいな部屋に選ばれたらプレゼントももらえるんです。

僕の部屋も選ばれるようにきれいに掃除しなきゃいけませんね。

つよしさん、よかったら明日私の部屋に遊びに来ませんか。

いってもいいですか。はい。じゃあ明日いきますよ。

じゃ、明日(会いましょう)。

초요시	유나씨. 내일 기숙사의 오픈 하우스 라던데 그게 뭐야?
유 나	아, 오픈 하우스는 하루 동안 기숙사를 개방해서, 서로 다른 기숙사의 친구들을 초대하는 날이야.
초요시	아 그렇구나. 재미있겠다.
유 나	응, 오픈 하우스 때 깨끗한 방으로 선정되면 선물도 줘.
초요시	내방이 꼭 뽑힐 수 있게 깨끗이 청소해야겠다.
유 나	초요시. 괜찮으면 내일 내 방에 놀러 오지 않을래?
초요시	가도 돼? 응! 그럼 내일 갈게.
유 나	그래 내일 봐.

あした 내일	寮りょう 기숙사	オープンハウス 오픈 하우스
一日いちにち 하루종일	開放かいほう 개방	お互たがい 서로
きれいだ 깨끗하다	部屋へや 방	選えらぶ 고르다
もらう 받다	プレゼント 선물	よかったら 괜찮다면
別べつ 다름, 구별	～の とき ~할 때	なるほど 그렇고말고, 과연

정중체

단어장

文法ノート

なるほど	과연, 정말

- なるほど、おもしろそう。
- なるほど、立派な人だ。

選ばれたら	선정되면

기본형	選ぶ
수동형	選ばれる
조건형	選ばれたら

★ 수동형

しかる	→	しかられる
みる	→	みられる
ほめる	→	ほめられる
する	→	される
くる	→	こられる

もらえる	받을 수 있다

もらうの 가능형

～ように	～와 같이, ～처럼

- 選ばれるように
- 読まれるように

掃除しなきゃ	청소하지 않으면(안된다)

掃除しなければの 축약어

遊びに	놀러

ます形+に
- 飲みに
- 見に

39 ～たら ～

- きれいな部屋に選ばれたらプレゼントももらえるんだ。

- いい雑誌があったら買ってきてください。

- 明日雨でなかったら海へ遊びに行きましょう。

✐ ＿＿＿＿＿＿＿＿ たら ＿＿＿＿＿＿＿。

✐ ＿＿＿＿＿＿＿＿ たら ＿＿＿＿＿＿＿。

40 ～ように ～

- 僕の部屋も選ばれるようにきれいに掃除しなきゃ。

- ごみを集めたら山のようになってしまいました。

- ロボットのように働く。

✐ ＿＿＿＿＿＿＿＿ ように ＿＿＿＿＿＿＿。

✐ ＿＿＿＿＿＿＿＿ ように ＿＿＿＿＿＿＿。

41 　～（ます形）に来ない

- 遊びに来ない。
- 食べに来ない。
- 勉強しに来ない。

 ＿＿＿＿＿＿＿＿＿＿＿＿＿＿に来ない。

 ＿＿＿＿＿＿＿＿＿＿＿＿＿＿に来ない。

立派 りっぱ だ 훌륭하다	しかる 꾸짖다	ほめる 칭찬하다
いい 좋다	雑誌 ざっし 잡지	海 うみ 바다
ごみ 쓰레기	集 あつ める 모으다	働 はたら く 일하다

단어장

우리말 속 일본말

우리가 흔히, 그리고 무심코 쓰는 순 일본말과 일본식 외래어에 대해 알아보자.

文化コラム

순 일본말		
아나고	あなご	붕장어
아다리	あたり	적중, 단수
엥꼬	えん	바닥남, 떨어짐
오뎅	おでん	어묵
와사비	わさび	고추냉이 양념
요지	ようじ	이쑤시개
우라	うら	안감
유도리	ゆとり	융통성, 여유
잇빠이	いっぱい	가득
찌라시	ちらし	광고 쪽지
뗑깡	てんかん	생떼, 행패. 억지
사라	さら	접시
노가다	どかた	노동자. 막노동꾼
소데나시	そでなし	민소매
분빠이	ぶんぱい	분배. 나눔
모찌	もち	찹쌀떡
짬뽕	ちゃんぽん	뒤섞음, 초마면
후까시	ふかし	부풀이, 부풀머리

일본식 외래어		
난닝구	running-shirts	런닝셔츠
다스	dosen	타(打), 묶음, 단
돈까스	豚/pork-cutlet	포크커틀릿
레미콘	ready-mixed-concret	양회반죽
레자	leather	인조가죽
만땅	満-tank	가득 채움(가득)
메리야스	madias:스페인어	속옷
미싱	sewing machine	재봉틀
백미러	rear-view-mirror	뒷 거울
빵꾸	punchure	구멍, 망치다
뻥끼	pek:네델란드어	칠, 페인트
사라다	salad	샐러드
스덴	stainless녹막이, 스테인리스	
엑기스	extract	농축액, 진액
오바	over coat	외투
자꾸	zipper, chuck	지퍼
츄리닝	training	운동복, 연습복
함박스텍	hamburg steak	햄버그 스테이크

<ruby>祭<rt>まつ</rt></ruby>り

나가사키 오쿤치 마츠리 <ruby>長崎<rt>ながさき</rt></ruby>おくんち<ruby>祭<rt>まつ</rt></ruby>り

나가사키 시내에 있는 스와진자에서 열리는 가을 축제로 처음에는 그냥 신사에서 하는 제례 행사였는데, 이름이 알려지면서 나가사키를 대표하는 가을의 대축제가 되었다.

샤기리 라는 전통 반주와 함께 국제색이 짙고, 일본과 해외에서 전래된 문화가 융합된 독특한 풍정을 보여준다.

まな板
도마

しゃくし
국자, 주걱

フォーク
포크

カップ
컵

さじ
젓가락

皿
접시

なべ
냄비

ナイフ
나이프

器
그릇

フライパン
프라이팬

はし
젓가락

やかん
주전자

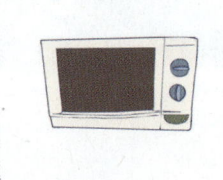

電子レンジ
전자레인지

ガスレンジ
가스레인지

ちゃわん
밥공기

食器
식기

食膳
밥상

しるわん
국그릇

コーヒーポット
커피포트

드디어 성적이 나오는구나.
다른 아이들은 잘 봤을까?
나름대로 열심히 했으니까 좋은 결과가 나오겠지?

 スンミン　みんな今学期は成績どうだった。

 ユナ　私はやっぱり教養科目が難しかった。

 ミンホ　そう。ぼくは日本語会話が大変だった。

聴き取りもあまりできなくて、苦労したよ。

 ユナ　スンミンはどうだった。

 スンミン　ぼくは全体的によかったけど、漢字のところでちょっと

間違った。

 ユナ　大丈夫よ。またがんばればいいじゃん。

 つよし　そうだよ。来年は、それぞれ自分が苦手なところをちゃんと

考えながら勉強しよ。

 スンミン　そうだね。来年はもっとがんばろう。

みなさん今学期は成績どうでしたか。

私はやっぱり教養科目が難しかったです。

そうですか。僕は日本語会話が大変でした。

聴き取りもあまりできなくて、苦労しましたよ。

スンミンさんはどうでしたか。

ぼくは全体的によかったですけど、漢字のところでちょっと間違えました。

大丈夫ですよ。またがんばればいいじゃないですか。

そうですよ。来年は、それぞれ自分が苦手なところをちゃんと考えながら勉強しましょう。

そうですね。来年はもっとがんばりましょう。

승 민	다들 이번학기 성적 어땠어?
유 나	나는 역시 교양이 어려웠어.
민 호	그래? 나는 일본어 회화가 힘들었어.
	듣기도 잘 안 들려서 고생 좀 했어.
유 나	승민이는 어땠어?
승 민	나는 전체적으로 잘 나왔는데, 한자쓰기 부분에서 조금 틀렸어.
유 나	괜찮아. 앞으로 잘하면 되지.
츠요시	맞아. 내년에는, 각자 자신의 약한 부분을 생각하면서 공부하자.
승 민	그래. 내년에는 더 열심히 하자.

단어장

今学期 こんがっき 이번 학기	成績 せいせき 성적	やっぱり 역시
教養科目 きょうようかもく 교양과목	難 むずか しい 어렵다	日本語会話 にほんごかいわ 일본어 회화
聴 き取 とり 듣기	あまり 그다지	苦労 くろう 고생
全体的 ぜんたいてき 전체적	～けど ~이지만	漢字 かんじ 한자
ところ 부분	また 또, 다시	間違 まちが う 실수하다
それぞれ 각각	ちゃんと 꼼꼼이, 조리있게	

いいじゃん	좋지 않느냐

いいじゃないかで 변한 말.

苦手^{にが て}なところ	싫어하는 부분, 취약한 부분

- 苦手^{にがて}な科目^{かもく}は数学^{すうがく}だ。
- ゴルフは一番苦手^{いちばんにがて}だ。

ちゃんと	차근차근, 착실하게

- 仕事^{しごと}だけはちゃんとする。
- ちゃんとした職業^{しょくぎょう}。

～ながら	～하면서

ます형에 연결하면서 두 세가지 이상의 동작이 병행・계속 될 경우에 쓰이는 표현.

- 考^{かんが}えながら勉強^{べんきょう}した。
- テレビを見^みながら新聞^{しんぶん}を読^よむ。

文型練習
ぶんけい れんしゅう

42 〜が大変だった
たいへん

- 日本語会話が大変だった。
にほんごかいわ　たいへん

- 聴き取りが大変だった。
き と　たいへん

- 日本語発音が大変だった。
にほんごはつおん　たいへん

＿＿＿＿＿＿＿＿＿＿＿＿＿＿が大変だった。
たいへん

＿＿＿＿＿＿＿＿＿＿＿＿＿＿が大変だった。
たいへん

43 〜ながら〜

- 音楽を聞きながらコンピューターをする。
おんがく　き

- ラジオを聞きながら本を見る。
き　ほん み

- ご飯を食べながらテレビを見る。
はん た　み

＿＿＿＿＿＿＿＿＿＿＿ながら＿＿＿＿＿＿。

＿＿＿＿＿＿＿＿＿＿＿ながら＿＿＿＿＿＿。

数学 すうがく　수학	ゴルフ　골프	一番 いちばん　제일
苦手 にがてだ　서투름	仕事 しごと　일	職業 しょくぎょう　직업
新聞 しんぶん　신문	科目 かもく　과목	日本語発音 にほんごはつおん　일본어 발음
音楽 おんがく　음악	ラジオ　라디오	ご飯 はん　밥

단어장

오미야게 お土産
みやげ

일본인들은 해외여행 뿐만 아니라 국내여행, 출장, 놀이공원 등으로 나들이만 가도 그 지역
의 특산품을 가족이나 친구, 직장동료에게 선물하는 오미야게(お土産)문화가 몸에 베어 있다.
관광지에 가면 꼭 기념품 가게에 들러, 여러 가지 특산품들을 비교하고 많은 시간을 기다리
면서 까지 계산을 하는 모습을 쉽게 볼 수 있다.

이로 인해 각 지역에서는 지역의 특색을 살린 특산품들을 개발하고 판매하고 있다.

이런 오미야게를 준비하는 모습을 보면서 가족과 주위 사람들을 생각하고 배려하는 일본인
들의 따뜻한 마음을 엿볼 수 있다.

文化コラム

야마가타 하나가사 마츠리 山形花笠祭り _{やまがたはながさまつ}

8월 5~7일

힘찬 하나가사 선창에 맞춰 펼쳐지는 무희들의 퍼레이드이다.

야마가타시의 중심거리를 무대로 꽃삿갓을 손에 든 약 100개 단체 10,000명의 무희들이

화려하게 춤을 춘다.

下着
したぎ
속옷

ズボン
바지

スカート
스커트

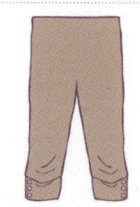
レギンス
레깅스

手袋
てぶくろ
장갑

ぼうし
모자

シャツ
셔츠

靴下
くつした
양말

ジーパン
청바지

カディがん
가디건

靴
くつ
신발

タイツ
타이츠

コート
코트

チョッキ
조끼

ミニスカート
미니스커트

半ズボン
はん
반바지

ドレス
드레스

バルト
벨트

スーツ
양복

ネクタイ
넥타이

단어색인

き

と

な

ひ

ふ

へ

저자약력 金載榮

日本國 橫濱國立大學 敎育學部 硏究生
日本國 大正大學 文學硏究科 文學修士
漢陽大學校 日語日文學科 文學博士
現在 世明大學校 日本語學科 敎授

저서 連濁의 實狀
역서 일본어 연습장
논문 連濁考 외 다수

N 世代 campus 일본어

초판인쇄 2010년 8월 16일
초판발행 2010년 8월 30일

저   자 김재영
발 행 인 윤석현
발 행 처 제이앤씨
책임편집 조성희
등록번호 제7-220호

우편주소 (132-040) 서울시 도봉구 창동 624-1 현대홈시티 102-1206
대표전화 (02)992-3253
전   송 (02)991-1285
홈페이지 http://www.jncbms.co.kr
전자우편 jncbook@hanmail.net

ISBN 978-89-5668-803-9 13730   정가 14,000원 (MP3파일 포함)

MP3파일 다운로드 www.jncbms.co.kr